Sneewittchen und andere Kindermärchen

Snow White and other Grimm Fairy Tales

[Bilingual Edition]

German – English

by Jacob and Wilhelm Grimm

Translated by Möwenstein

Contents

Die drei Schlangenblätter

The Three Snake Leaves

1.1 Es war einmal ein armer Mann, der konnte seinen einzigen Sohn nicht mehr ernähren.

Once upon a time there was a poor man who could no longer feed his only son.

1.2 Da sprach der Sohn:

Then the son said:

1.3 »Lieber Vater, es geht Euch so kümmerlich, ich falle Euch zur Last, lieber will ich selbst fortgehen und sehen wie ich mein Brot verdiene.«

"Dear father, you are so miserable, I am a burden to you, I would rather go away myself and see how I earn my bread."

1.4 Da gab ihm der Vater seinen Segen und nahm mit großer Trauer von ihm Abschied.

So the father gave him his blessing and bade him farewell with great sadness.

1.5 Zu dieser Zeit führte der König eines mächtigen Reiches Krieg,

At that time the king of a mighty kingdom was at war,

1

der Jüngling nahm Dienste bei ihm und zog mit ins Feld.

and the young man took service with him and went into the field.

Und als er vor den Feind kam, so ward eine Schlacht geliefert, und es war große Gefahr, und regnete blaue Bohnen, daß seine Kameraden von allen Seiten niederfielen.

And when he came before the enemy, a battle was fought, and there was great danger, and it rained blue beans, so that his comrades fell down on all sides.

Und als auch der Anführer blieb, so wollten die übrigen die Flucht ergreifen, aber der Jüngling trat heraus, sprach ihnen Mut zu und rief,

And when the leader also remained, the others wanted to flee, but the youth stepped out, gave them courage, and cried,

»Wir wollen unser Vaterland nicht zu Grunde gehen lassen.«

"We will not let our fatherland perish."

Da folgten ihm die anderen,

Then the others followed him,

und er drang ein und schlug den Feind.

and he entered and defeated the enemy.

Der König, als er hörte, daß er ihm allein den Sieg zu danken habe, erhob ihn über alle anderen, gab ihm große Schätze und machte ihn zum Ersten in seinem Reich.

The king, when he heard that he alone had him to thank for the victory, exalted him above all others, gave him great treasures and made him first in his kingdom.

2.1 Der König hatte eine Tochter, die war sehr schön, aber sie war auch sehr wunderlich.

The king had a daughter who was very beautiful, but she was also very strange.

2.2 Sie hatte das Gelübde gethan, keinen zum Herrn und Gemahl zu nehmen, der nicht verspräche, wenn sie zuerst stürbe, sich lebendig mit ihr begraben zu lassen.

She had made a vow not to take anyone as her lord and husband who did not promise to be buried alive with her if she died first.

2.3 »Hat er mich von Herzen lieb.« sagte sie,

"If he loves me dearly." she said,

2.4 »wozu dient ihm dann noch das Leben?«

"what use is life to him then?"

2.5 Dagegen wollte sie ein Gleiches thun, und wenn er zuerst stürbe, mit ihm in das Grab steigen.

On the other hand, she wanted to do the same, and if he died first, to climb into the grave with him.

2.6 Dieses seltsame Gelübde hatte bis jetzt alle Freier abgeschreckt, aber der Jüngling wurde von ihrer Schönheit so eingenommen, daß er auf nichts achtete, sondern bei ihrem Vater um sie anhielt.

This strange vow had hitherto deterred all suitors, but the youth was so taken with her beauty that he paid no attention to anything, but asked her father for her.

2.7 »Weißt du auch.« sprach der König,

"Do you know." said the king,

2.8 »was du versprechen mußt?«

"what you must promise?"

3

»Ich muß mit ihr in das Grab gehen.« antwortete er, 2.9
"I must go with her to the grave." he answered,

»wenn ich sie überlebe, aber meine Liebe ist so groß, 2.10
daß ich der Gefahr nicht achte.«
"if I survive her, but my love is so great that I am not
mindful of the danger."

Da willigte der König ein, 2.11
Then the king consented,

und die Hochzeit ward mit großer Pracht gefeiert. 2.12
and the wedding was celebrated with great splendor.

Nun lebten sie eine Zeitlang glücklich und vergnügt 3.1
miteinander, da geschah es, daß die junge Königin in
eine schwere Krankheit fiel und kein Arzt ihr helfen
konnte.
Now they lived happily and joyfully together for some time,
when it happened that the young queen fell into a serious
illness and no physician could help her.

Und als sie tot dalag, da erinnerte sich der junge 3.2
König, was er hatte versprechen müssen, und es
grauste ihm davor, sich lebendig in das Grab zu legen,
aber es war kein Ausweg;
And as she lay there dead, the young king remembered
what he had been obliged to promise, and he dreaded to lay
himself alive in the grave, but there was no way out;

der König hatte alle Thore mit Wachen besetzen 3.3
lassen, und es war nicht möglich, dem Schicksal zu
entgehen.
the king had had all the gates manned by guards, and it was
impossible to escape fate.

3.4 **Als der Tag kam, wo die Leiche in dem königlichen Gewölbe beigesetzt wurde, da ward er mit hinabgeführt, und dann das Thor verriegelt und verschlossen.**

When the day came for the body to be buried in the royal vault, he was led down with it, and then the gate was bolted and locked.

4.1 **Neben dem Sarg stand ein Tisch, darauf vier Leuchter, vier Laibe Brot und vier Flaschen Wein.**

Next to the coffin was a table with four candlesticks, four loaves of bread and four bottles of wine.

4.2 **Sobald dieser Vorrat zu Ende ging, mußte er verschmachten.**

As soon as this supply ran out, he was left to pine away.

4.3 **Nun saß er da voll Schmerz und Trauer, aß jeden Tag nur ein Bißlein Brot, trank nur einen Schluck Wein, und sah doch wie der Tod immer näher rückte.**

Now he sat there full of pain and sorrow, eating only a morsel of bread each day, drinking only a sip of wine, and yet he saw death drawing ever closer.

4.4 **Indem er so vor sich hinstarrte, sah er aus der Ecke des Gewölbes eine Schlange hervorkriechen, die sich der Leiche näherte.**

As he stared in front of him, he saw a snake crawling out of the corner of the vault and approaching the corpse.

4.5 **Und weil er dachte, sie käme, um daran zu nagen, zog er sein Schwert und sprach,**

And because he thought it was coming to gnaw at it, he drew his sword and said,

4.6 **»Solange ich lebe, sollst du sie nicht anrühren.«**

"As long as I live, you shall not touch it."

und hieb sie in drei Stücke. 4.7

and cut it into three pieces.

Über ein Weilchen kroch eine zweite Schlange aus 4.8
der Ecke hervor, als sie aber die andere tot und
zerstückt liegen sah, ging sie zurück, kam bald
wieder und hatte drei grüne Blätter im Munde.

After a while a second snake crept out of the corner, but
when it saw the other lying dead and cut to pieces, it
went back, soon returned and had three green leaves in
its mouth.

Dann nahm sie die drei Stücke von der Schlange, 4.9
legte sie, wie sie zusammengehörten, und that auf
jede Wunde eins von den Blättern.

Then she took the three pieces of the snake, put them
together as they belonged, and put one of the leaves on each
wound.

Alsbald fügte sich das Getrennte aneinander, die 4.10
Schlange regte sich und ward wieder lebendig, und
beide eilten miteinander fort.

Immediately the separated pieces joined together, the
snake stirred and came to life again, and they both hurried
away together.

Die Blätter blieben auf der Erde liegen, und dem 4.11
Unglücklichen, der alles mit angesehen hatte, kam
es in die Gedanken, ob nicht die wunderbare Kraft
der Blätter, welche die Schlange wieder lebendig
gemacht hatte, auch einem Menschen helfen könnte.

The leaves remained lying on the ground, and the
unfortunate man, who had seen everything, wondered
whether the miraculous power of the leaves, which had
brought the snake back to life, might not also help a human
being.

4.12 Er hob also die Blätter auf und legte eins davon auf den Mund der Toten, die beiden anderen auf ihre Augen.

So he picked up the leaves and placed one of them on the dead woman's mouth and the other two on her eyes.

4.13 Und kaum war es geschehen, so bewegte sich das Blut in den Adern, stieg in das bleiche Angesicht und rötete es wieder.

As soon as he had done so, the blood began to move in her veins, rising to her pale face and reddening it again.

4.14 Da zog sie Atem, schlug die Augen auf und sprach:

Then she drew breath, opened her eyes and said:

4.15 »Ach Gott, wo bin ich?«

"Oh God, where am I?"

4.16 »Du bist bei mir, liebe Frau.«

"You are with me, dear wife."

4.17 antwortete er, und erzählte ihr, wie alles gekommen war und er sie wieder ins Leben erweckt hatte.

he replied, and told her how everything had happened and how he had brought her back to life.

4.18 Dann reichte er ihr etwas Wein und Brot, und als sie wieder zu Kräften gekommen war, erhob sie sich, und sie gingen zu der Thür, und klopften und riefen so laut, daß es die Wachen hörten und dem König meldeten.

Then he gave her some wine and bread, and when she had recovered her strength, she rose, and they went to the door, and knocked and called so loudly that the guards heard it and reported it to the king.

Der König kam selbst herab und öffnete die Thür, da
fand er beide frisch und gesund, und freute sich mit
ihnen, daß nun alle Not überstanden war.

4.19

The king himself came down and opened the door, and
found them both fresh and well, and rejoiced with them
that all their troubles were now over.

Die drei Schlangenblätter aber nahm der junge König
mit, gab sie einem Diener und sprach:

4.20

But the young king took the three snake-leaves with him,
gave them to a servant, and said,

»Verwahre sie mir sorgfältig, und trage sie zu jeder
Zeit bei dir, wer weiß, in welcher Not sie uns noch
helfen können.«

4.21

"Keep them carefully for me, and carry them with you at all
times, for who knows in what trouble they may help us."

Es war aber in der Frau, nachdem sie wieder ins
Leben war erweckt worden, eine Veränderung
vorgegangen;

5.1

But a change had taken place in the woman after she had
been brought back to life;

es war, als ob alle Liebe zu ihrem Manne aus ihrem
Herzen gewichen wäre.

5.2

it was as if all love for her husband had gone out of her
heart.

5.3 Als er nach einiger Zeit eine Fahrt zu seinem alten Vater über das Meer machen wollte und sie auf ein Schiff gestiegen waren, so vergaß sie die große Liebe und Treue, die er ihr bewiesen und womit er sie vom Tode gerettet hatte, und faßte eine böse Neigung zu dem Schiffer.

When, after a time, he wanted to take a voyage across the sea to his old father, and they had got on a ship, she forgot the great love and fidelity which he had shown her, and with which he had saved her from death, and conceived an evil inclination towards the boatman.

5.4 Und als der junge König einmal dalag und schlief, rief sie den Schiffer herbei, und faßte den Schlafenden am Kopfe und der Schiffer mußte ihn an den Füßen fassen, und so warfen sie ihn hinab ins Meer.

And once when the young king was lying there asleep, she called the boatman over, and seized the sleeping man by the head, and the boatman had to seize him by the feet, and so they threw him down into the sea.

5.5 Als die Schandthat vollbracht war, sprach sie zu ihm:

When the deed was done, she said to him,

5.6 »Nun laß uns heimkehren und sagen, er sei unterwegs gestorben.

"Now let us return home and say that he died on the way.

5.7 Ich will dich schon bei meinem Vater so herausstreichen und rühmen, daß er mich mit dir vermählt und dich zum Erben seiner Krone einsetzt.«

I want to praise you to my father so much that he will marry me to you and make you heir to his crown."

Aber der treue Diener, der alles mit angesehen hatte, machte unbemerkt ein kleines Schifflein von dem großen los, setzte sich hinein, schiffte seinem Herrn nach, und ließ die Verräter fortfahren. 5.8

But the faithful servant, who had seen all this, unnoticed detached a little boat from the great one, put himself into it, sailed after his master, and let the traitors sail away.

Er fischte den Toten wieder auf, und mit Hilfe der drei Schlangenblätter, die er bei sich trug und auf die Augen und den Mund legte, brachte er ihn glücklich wieder ins Leben. 5.9

He picked up the dead man again, and with the help of three snake leaves, which he carried with him and placed on his eyes and mouth, he happily brought him back to life.

Sie ruderten beide aus allen Kräften Tag und Nacht, und ihr kleines Schiff flog so schnell dahin, daß sie früher als das andere bei dem alten Könige anlangten. 6.1

They both rowed with all their might day and night, and their little ship flew along so fast that they reached the old king sooner than the other.

Er verwunderte sich, als er sie allein kommen sah und fragte, was ihnen begegnet wäre. 6.2

He was astonished when he saw them coming alone, and asked what had happened to them.

Als er die Bosheit seiner Tochter vernahm, sprach er: 6.3

When he heard the wickedness of his daughter, he said,

»Ich kann's nicht glauben, daß sie so schlecht gehandelt hat, aber die Wahrheit wird bald an den Tag kommen.« 6.4

"I cannot believe that she has done so badly, but the truth will soon come out."

6.5 und hieß beide in eine verborgene Kammer gehen und sich vor jedermann heimlich halten.

and ordered them both to go into a hidden chamber and keep themselves secret from everybody.

6.6 Bald hernach kam das große Schiff herangefahren und die gottlose Frau erschien vor ihrem Vater mit einer betrübten Miene.

Soon afterward the great ship sailed up, and the wicked woman appeared before her father with a sorrowful countenance.

6.7 Er sprach: »Warum kehrst du allein zurück?

He said: "Why are you returning alone?

6.8 Wo ist dein Mann?«

Where is your husband?"

6.9 »Ach, lieber Vater.« antwortete sie,

"Ah, dear father." she answered,

6.10 »ich komme in großer Trauer wieder heim, mein Mann ist während der Fahrt plötzlich erkrankt und gestorben, und wenn der gute Schiffer mir nicht Beistand geleistet hätte, so wäre es mir schlimm ergangen;

"I am returning home in great grief, my husband fell suddenly ill during the voyage and died, and if the good skipper had not assisted me, I would have fared badly;

6.11 er ist bei seinem Tode zugegen gewesen und kann Euch alles erzählen.«

he was present at his death and can tell you everything."

6.12 Der König sprach: »Ich will den Toten wieder lebendig machen.«

The king said, "I will bring the dead man back to life."

und öffnete die Kammer, und hieß die beiden herausgehen.

6.13

and opened the chamber, and bade them both go out.

Die Frau, als sie ihren Mann erblickte, war wie vom Donner gerührt, sank auf die Knie und bat um Gnade.

6.14

The woman, when she saw her husband, was thunderstruck, sank on her knees and begged for mercy.

Der König sprach:

6.15

The king said,

»Da ist keine Gnade, er war bereit, mit dir zu sterben und hat dir dein Leben wiedergegeben, du aber hast ihn im Schlaf umgebracht, und sollst deinen verdienten Lohn empfangen.«

6.16

"There is no mercy, he was ready to die with you and has given you back your life, but you killed him in his sleep and shall receive your deserved reward."

Da ward sie mit ihrem Helfershelfer in ein durchlöchertes Schiff gesetzt und hinaus ins Meer getrieben,

6.17

So she and her accomplice were put into a ship with holes in it and driven out to sea,

wo sie bald in den Wellen versanken.

6.18

where they soon sank in the waves.

Der Ranzen, das Hütlein und das Hörnlein

The Satchel, the Little Hat and the Little Horn

1.1 Es waren einmal drei Brüder, die waren immer tiefer in Armut geraten, und endlich war die Not so groß, daß sie Hunger leiden mußten und nichts mehr zu beißen und zu brechen hatten.

Once upon a time there were three brothers who had fallen deeper and deeper into poverty, and at last the need was so great that they were starving and had nothing left to eat or break.

1.2 Da sprachen sie: »Es kann so nicht bleiben;

Then they said, "It can't stay like this;

1.3 es ist besser, wir gehen in die Welt und suchen unser Glück.«

it's better that we go out into the world and seek our fortune."

1.4 Sie machten sich also auf, und waren schon weite Wege und.

So they set off and had already walked long distances and.

über viele Grashälmchen gegangen, 1.5
over many blades of grass,

aber das Glück war ihnen noch nicht begegnet. 1.6
but they had not yet found happiness.

Da gelangten sie eines Tages in einen großen Wald, 1.7
und mitten darin, war ein Berg, und als sie näher
kamen, so sahen sie, daß der Berg ganz von Silber
war.
Then one day they came to a great forest, and in the midst
of it was a mountain, and as they drew nearer they saw that
the mountain was all of silver.

Da sprach der älteste: 1.8
Then the eldest said,

»Nun habe ich das gewünschte Glück gefunden und 1.9
verlange kein größeres.«
"Now I have found the happiness I wanted, and I want no
more."

Er nahm von dem Silber so viel er nur tragen konnte, 1.10
He took as much of the silver as he could carry,

kehrte dann um und ging wieder nach Hause. 1.11
then turned back and went home again.

Die beiden anderen aber sprachen: 1.12
The other two, however, said,

»Wir verlangen vom Glück noch etwas mehr als 1.13
bloßes Silber.«
"We want a little more from happiness than just silver."

rührten es nicht an und gingen weiter. 1.14
They did not touch it and went on their way.

1.15 Nachdem sie abermals ein paar Tage gegangen waren, so kamen sie zu einem Berg, der ganz von Gold war.

After they had walked for a few more days, they came to a mountain that was all gold.

1.16 Der zweite Bruder stand, besann sich und war ungewiß.

The second brother stood, pondered and was uncertain.

1.17 »Was soll ich thun?« sprach er,

"What shall I do?" said he,

1.18 »soll ich mir von dem Golde so viel nehmen, daß ich mein Lebtag genug habe, oder soll ich weiter gehen?«

"shall I take so much of the gold that I shall have enough to last me all my life, or shall I go on?"

1.19 Endlich faßte er einen Entschluß, füllte in seine Taschen was hinein wollte, sagte seinem Bruder Lebewohl und ging heim.

At last he made up his mind, filled his pockets with what he wanted, bade his brother farewell, and went home.

1.20 Der dritte aber sprach: »Silber und Gold das rührt mich nicht;

But the third said, "Silver and gold do not move me;

1.21 ich will meinem Glück nicht absagen,

I will not deny my happiness,

1.22 vielleicht ist mir etwas Besseres beschert.«

perhaps something better will come my way."

Er zog weiter, und als er drei Tage gegangen war, so kam er in einen Wald, der noch größer war als die vorigen und gar kein Ende nehmen wollte;
1.23

He went on his way, and when he had gone three days, he came to a forest which was even larger than the previous ones, and would not end at all;

und da er nichts zu essen und zu trinken fand,
1.24

and as he found nothing to eat or drink,

so war er nahe daran zu verschmachten.
1.25

he was on the point of starving.

Da stieg er auf einen hohen Baum, ob er da oben Waldes Ende sehen möchte, aber so weit sein Auge reichte, sah er nichts als die Gipfel der Bäume.
1.26

So he climbed a high tree to see if he could see the end of the forest up there, but as far as his eyes could reach he saw nothing but the tops of the trees.

Da begab er sich von dem Baume wieder herunterzusteigen, aber der Hunger quälte ihn, und er dachte,
1.27

So he went down again from the tree, but hunger tormented him, and he thought,

»Wenn ich nur noch einmal meinen Leib ersättigen könnte.«
1.28

"If I could only satisfy my body once more."

Als er herabkam, sah er mit Erstaunen unter dem Baum einen Tisch, der mit Speisen reichlich besetzt war, die ihm entgegendampften.
1.29

When he came down, he was astonished to see a table under the tree with plenty of food steaming towards him.

»Diesmal.« sprach er,
1.30

"This time." he said,

1.31 »ist mein Wunsch zu rechter Zeit erfüllt worden.«
"my wish has been fulfilled at the right time."

1.32 und ohne zu fragen wer das Essen gebracht und wer es gekocht hätte, nahte er sich dem Tisch und aß mit Lust, bis er seinen Hunger gestillt hatte.
And without asking who had brought the food and who had cooked it, he approached the table and ate with relish until he had satisfied his hunger.

1.33 Als er fertig war, dachte er:
When he had finished, he thought,

1.34 »Es wäre doch schade, wenn das seine Tischtüchlein hier in dem Walde verderben sollte.«
"It would be a pity if his tablecloth were to spoil here in the forest."

1.35 legte es säuberlich zusammen und steckte es ein.
He folded it neatly and put it away.

1.36 Darauf ging er weiter, und abends, als der Hunger sich wieder regte, wollte er sein Tüchlein auf die Probe stellen, breitete es aus und sagte:
Then he went on his way, and in the evening, when he was hungry again, he wanted to put his little cloth to the test, and spread it out, saying,

1.37 »So wünsche ich, daß du abermals mit guten Speisen besetzt wärest.«
"I wish that you were again filled with good food."

1.38 und kaum war der Wunsch über seine Lippen gekommen, so standen so viel Schüsseln mit dem schönsten Essen darauf, als nur Platz hatten.
and as soon as the wish had passed his lips, there were as many dishes with the most beautiful food on them as there was room for.

»Jetzt merke ich.« sagte er,   1.39
"Now I see." said he,

»in welcher Küche für mich gekocht wird;   1.40
"in which kitchen they are cooking for me;

du sollst mir lieber sein als der Berg von Silber und   1.41
Gold.«
you shall be dearer to me than the mountain of silver and
gold."

denn er sah wohl, daß es ein Tüchleindeckdich war.   1.42
for he saw well that it was a little cloth.

Das Tüchlein war ihm aber doch nicht genug, um   1.43
sich daheim zur Ruhe zu setzen, sondern er wollte
lieber noch in der Welt herum wandern und weiter
sein Glück versuchen.
But the little cloth was not enough for him to retire
at home; he preferred to wander about the world and
continue to try his luck.

Eines Abends traf er in einem einsamen Walde einen   1.44
schwarz bestaubten Köhler, der brannte da Kohlen,
und hatte Kartoffeln am Feuer stehen, damit wollte
er seine Mahlzeit halten.
One evening, in a lonely forest, he met a charcoal burner
covered in black dust, who was burning coals and had
potatoes by the fire, which he wanted to use for his meal.

»Guten Abend, du Schwarzamsel.« sagte er,   1.45
"Good evening, you black oriole." he said,

»wie geht dir's in deiner Einsamkeit?«   1.46
"how are you doing in your loneliness?"

»Einen Tag wie den anderen.« erwiderte der Köhler,   1.47
"One day like another." replied the charcoal-burner,

18

1.48 »und jeden Abend Kartoffeln?
"and potatoes every evening?

1.49 hast du Lust dazu und willst mein Gast sein?«
Do you fancy them and want to be my guest?"

1.50 »Schönen Dank.« antwortete der Reisende,
"Thank you very much." replied the traveler,

1.51 »ich will dir die Mahlzeit nicht wegnehmen, du hast
auf einen Gast nicht gerechnet, aber wenn du mit mir
vorliebnehmen willst, so sollst du eingeladen sein.«
"I don't want to take away your meal, you didn't count
on a guest, but if you want to make do with me, you're
welcome."

1.52 »Wer soll dir anrichten?« sprach der Köhler,
"Who shall serve you?" said the charcoal-burner,

1.53 »ich sehe, daß du nichts bei dir hast, und ein paar
Stunden im Umkreis ist niemand, der dir etwas
geben konnte.«
"I see that you have nothing with you, and there is no one
within a few hours who could give you anything."

1.54 »Und doch soll's ein Essen sein.« antwortete er,
"And yet it shall be a meal." he answered,

1.55 »so gut, wie du noch keins gekostet hast.«
"as good as you have ever tasted."

1.56 Darauf holte er sein Tüchlein aus dem Ranzen,
breitete es auf die Erde und sprach: »Tüchlein, deck'
dich.«
Then he took his little cloth out of his satchel, spread it on
the ground and said, "Little cloth, cover yourself."

und alsbald stand da Gesottenes und Gebratenes, 1.57

And immediately there was boiled and roasted food,

und war so warm als wenn es eben aus der Küche käme. 1.58

and it was as warm as if it had just come from the kitchen.

Der Köhler machte große Augen, ließ sich aber nicht lange bitten, sondern langte zu und schob immer größere Bissen in sein schwarzes Maul hinein. 1.59

The charcoal-burner's eyes widened, but he didn't take long to eat, instead he took a bite and shoved bigger and bigger morsels into his black mouth.

Als sie abgegessen hatten, 1.60

When they had finished eating,

schmunzelte der Köhler und sagte: 1.61

the charcoal-burner grinned and said:

»Hör, dein Tüchlein hat meinen Beifall, das wäre so etwas für mich in dem Walde, wo mir niemand etwas Gutes kocht. 1.62

"Listen, I approve of your little cloth, that would be something for me in the forest, where nobody cooks me anything good.

Ich will dir einen Tausch vorschlagen, da in der Ecke hängt ein Soldatenranzen, der zwar alt und unscheinbar ist, in dem aber wunderbare Kräfte stecken? 1.63

I would like to offer you a trade, there is a soldier's satchel in the corner, old and inconspicuous, but with wonderful powers?

da ich ihn doch nicht mehr brauche, 1.64

since I no longer need it,

1.65 so will ich ihn für das Tüchlein geben.«
I will give it to you in exchange for the cloth."

1.66 »Erst muß ich wissen, was das für wunderbare Kräfte
sind.«
"First I must know what these wonderful powers are."

1.67 erwiderte er. »Das will ich dir sagen.«
he replied. "I will tell you."

1.68 antwortete der Köhler,
replied the charcoal-burner,

1.69 »wenn du mit der Hand darauf klopfst, so kommt
jedesmal ein Gefreiter mit sechs Mann, die haben
Ober - und Untergewehr, und was du befiehlst, das
vollbringen sie.«
"if you knock on it with your hand, a private with six men
will come every time; they have upper and lower rifles, and
what you command, they will accomplish."

1.70 »Meinetwegen.« sagte er,
"As far as I'm concerned." he said,

1.71 »wenn's nicht anders sein kann, so wollen wir
tauschen.«
"if there's no other way, let's swap."

1.72 gab dem Köhler das Tüchlein, hob den Ranzen von
dem Haken, hing ihn um und nahm Abschied.
He gave the charcoal-burner the handkerchief, lifted the
satchel from the hook, hung it round his neck and took his
leave.

1.73 Als er ein Stück Weges gegangen war,
When he had gone a little way,

wollte er die Wunderkräfte seines Ranzens versuchen und klopfte darauf. 1.74

he wanted to try the miraculous powers of his satchel and tapped on it.

Alsbald traten die sieben Kriegshelden vor ihn, und der Gefreite sprach: 1.75

Immediately the seven war heroes stood before him and the private said:

»Was verlangt mein Herr und Gebieter?« 1.76

"What does my lord and master want?"

»Marschiert im Eilschritt zu dem Köhler und fordert mein Wünschtüchlein zurück.« 1.77

"March with haste to the charcoal-burner and reclaim my little wishing cloth."

Sie machten linksum, und gar nicht lange, so brachten sie das Verlangte und hatten es dem Köhler, ohne viel zu fragen, abgenommen. 1.78

They turned left, and before long they had brought what they had asked for and had taken it from the charcoal burner without much question.

Er hieß sie wieder abziehen, ging weiter und hoffte, das Glück würde ihm noch heller scheinen. 1.79

He told them to leave again, went on and hoped that luck would shine even brighter for him.

Bei Sonnenuntergang kam er zu einem anderen Köhler, 1.80

At sunset,

der bei dem Feuer seine Abendmahlzeit bereitete. 1.81

he came to another charcoal burner who was preparing his evening meal by the fire.

1.82 »Willst du mit mir essen.« sagte der rußige Geselle,
"If you want to eat with me." said the sooty journeyman,

1.83 »Kartoffeln mit Salz aber ohne Schmalz,
"potatoes with salt but without lard,

1.84 so setz dich zu mir nieder.«
sit down with me."

1.85 »Nein.« antwortete er,
"No." he replied,

1.86 »für diesmal sollst du mein Gast sein.«
"for this time you shall be my guest."

1.87 deckte sein Tüchlein auf,
He uncovered his little cloth,

1.88 das gleich mit den schönsten Gerichten besetzt war.
which was immediately covered with the most beautiful dishes.

1.89 Sie aßen und tranken zusammen und waren guter Dinge.
They ate and drank together and were in good spirits.

1.90 Nach dem Essen sprach der Kohlenbrenner:
After the meal the charcoal-burner said,

1.91 »Da oben auf der Kammbank liegt ein altes abgegriffenes Hütlein, das hat seltsame Eigenschaften;
"There is an old, worn-out little hat on the top of the ridge, which has strange properties;

wenn das einer aufsetzt und dreht es auf dem Kopf
herum, so gehen die Feldschlangen, als wären
zwölfe nebeneinander aufgeführt, und schießen
alles danieder, daß niemand dagegen bestehen kann.

1.92

if anyone puts it on and turns it round on his head, the field
snakes go as if there were twelve of them side by side, and
shoot everything down so that no one can stand against it.

Mir nützt das Hütlein nichts und für dein Tischtuch
will ich's wohl hingeben.«

1.93

The little hat is of no use to me, and I will give it for your
tablecloth."

»Das läßt sich hören.«

1.94

"That's all very well."

antwortete er, nahm das Hütlein, setzte es auf und
ließ sein Tüchlein zurück.

1.95

he answered, took the little hat, put it on, and left his cloth
behind.

Kaum aber war er ein Stück Weges gegangen, so
klopfte er auf seinen Ranzen, und seine Soldaten
mußten ihm das Tüchlein wieder holen.

1.96

But he had scarcely gone a little way when he knocked on
his satchel, and his soldiers had to fetch him the little cloth
again.

»Es kommt eins zum anderen.« dachte er,

1.97

"One thing leads to another." he thought,

»und es ist mir, als wäre mein Glück noch nicht zu
Ende.«

1.98

"and it seems to me that my luck has not yet run out."

Seine Gedanken hatten ihn auch nicht betrogen.

1.99

His thoughts had not deceived him.

1.100 Nachdem er abermals einen Tag gegangen war, kam er zu einem dritten Köhler, der ihn nicht anders als die vorigen zu ungeschmelzten Kartoffeln einlud.

After he had walked for another day, he came to a third charcoal burner, who invited him to eat unmelted potatoes in the same way as the previous ones.

1.101 Er ließ ihn aber von seinem Wunschtüchlein mitessen, und das schmeckte dem Köhler so gut, daß er ihm zuletzt ein Hörnlein dafür bot, das noch ganz andere Eigenschaften hatte als das Hütlein.

But he allowed him to eat some of his wishing cloth, and the charcoal-burner liked it so well that he finally offered him a little horn in return, which had quite different qualities from the little hat.

1.102 Wenn man daraus blies, so fielen alle Mauern und Festungswerke, endlich alle Städte und Dörfer übern Haufen.

If you blew from it, all the walls and fortifications, and finally all the towns and villages, fell down.

1.103 Er gab dem Köhler zwar das Tüchlein dafür, ließ sich's aber hernach von seiner Mannschaft wieder abfordern, sodaß er endlich Ranzen, Hütlein und Hörnlein beisammen hatte.

He gave the charcoal burner the cloth for it, but then had his crew demand it again, so that he finally had his satchel, hat and horns together.

1.104 »Jetzt.« sprach er,

"Now." he said,

1.105 »bin ich ein gemachter Mann und es ist Zeit,

"I am a made man,

daß ich heimkehre und sehe wie es meinen Brüdern ergeht.« 1.106

and it is time for me to go home and see how my brothers are getting on."

Als er daheim anlangte, 2.1

When he arrived home,

hatten sich seine Brüder von ihrem Silber und Gold ein schönes Haus gebaut und lebten in Saus und Braus. 2.2

his brothers had built themselves a beautiful house from their silver and gold and were living in splendor.

Er trat bei ihnen ein, weil er aber in einem halb zerrissenen Rock kam, das schäbige Hütlein aus dem Kopf und den alten Ranzen auf dem Rücken, so wollten sie ihn nicht für ihren Bruder anerkennen. 2.3

He entered their house, but because he came in a half-torn coat, a shabby little hat off his head and an old satchel on his back, they refused to recognize him as their brother.

Sie spotteten und sagten: 2.4

They mocked and said,

»Du giebst dich für unseren Bruder aus, der Silber und Gold verschmähte, und für sich ein besseres Glück verlangte; 2.5

"You pretend to be our brother, who spurned silver and gold, and demanded a better fortune for himself;

der kommt gewiß in voller Pracht als ein mächtiger König angefahren, 2.6

he will certainly come in full splendor as a mighty king,

2.7 nicht als ein Bettelmann.« und jagten ihn zur Thür hinaus.

not as a beggar." and chased him out of the door.

2.8 Da geriet er in Zorn, klopfte auf seinen Ranzen so lange, bis hundertundfünfzig Mann in Reih und Glied vor ihm standen.

Then he flew into a rage and knocked on his satchel until a hundred and fifty men stood before him in rank and file.

2.9 Er befahl ihnen, das Haus seiner Brüder zu umzingeln, und zwei sollten Haselgerten mitnehmen und den beiden Übermütigen die Haut auf dem Leibe so lange weich gerben, bis sie wüßten wer er wäre.

He ordered them to surround his brothers' house, and two of them were to take hazel whips and rub the skin on the bodies of the two insolent men until they knew who he was.

2.10 Es entstand ein gewaltiger Lärm, die Leute liefen zusammen und wollten den beiden in der Not Beistand leisten, aber sie konnten gegen die Soldaten nichts ausrichten.

There was a great noise, the people ran together and wanted to help the two in their distress, but they could do nothing against the soldiers.

2.11 Es geschah endlich dem Könige Meldung davon, der ward unwillig, und ließ einen Hauptmann mit seiner Schar ausrücken, der sollte den Ruhestörer aus der Stadt jagen;

At last word came to the king, who was displeased, and sent out a captain with his band to chase the disturber of the peace out of the town;

aber der Mann mit dem Ranzen hatte bald eine größere Mannschaft zusammen, die schlug den Hauptmann mit seinen Leuten zurück, daß sie mit blutigen Nasen abziehen mußten.

2.12

but the man with the satchel soon had a larger party together, who beat back the captain with his men, so that they had to depart with bloody noses.

Der König sprach: »Der hergelaufene Kerl ist noch zu bändigen.«

2.13

The king said, "The fellow who ran here can still be tamed."

und schickte am anderen Tage eine größere Schar gegen ihn aus,

2.14

and the next day he sent a larger band against him,

aber sie konnte noch weniger ausrichten.

2.15

but they could do even less.

Er stellte noch mehr Volk entgegen, und um noch schneller fertig zu werden, drehte er ein paarmal sein Hütlein auf dem Kopfe herum;

2.16

He opposed still more people, and in order to finish him off more quickly, he turned his little hat on his head a few times;

da fing das schwere Geschütz an zu spielen,

2.17

then the heavy artillery began to play,

und des Königs Leute wurden geschlagen und in die Flucht gejagt.

2.18

and the king's men were beaten and put to flight.

»Jetzt mache ich nicht eher Frieden.« sprach er,

2.19

"I will not make peace now." he said,

2.20 »als bis mir der König seine Tochter zur Frau giebt,
"until the king gives me his daughter in marriage,

2.21 und ich in seinem Namen das ganze Reich beherrsche.«
and I rule the whole kingdom in his name."

2.22 Das ließ er dem Könige verkündigen, und dieser sprach zu seiner Tochter,
He had this announced to the king, and he said to his daughter,

2.23 »Muß ist eine harte Nuß;
"Must is a hard nut to crack;

2.24 was bleibt mir anderes übrig, als daß ich thue, was er verlangt?
what can I do but do as he asks?

2.25 Will ich Frieden haben und die Krone auf meinem Haupte behalten,
If I want peace and to keep the crown on my head,

2.26 so muß ich dich hingeben.«
I must give you up."

3.1 Die Hochzeit ward also gefeiert, aber die Königstochter war verdrießlich, daß ihr Gemahl ein gemeiner Mann war, der einen schäbigen Hut trug und einen alten Ranzen umhängen hatte.
So the wedding was celebrated, but the king's daughter was vexed that her husband was a mean man who wore a shabby hat and had an old satchel around his neck.

3.2 Sie wäre ihn gern wieder los gewesen und sann Tag und Nacht,
She would have liked to be rid of him again,

wie sie das bewerkstelligen könnte. 3.3

and pondered day and night how she could do so.

Da dachte sie, 3.4

Then she thought,

»Sollten seine Wunderkräfte wohl in dem Ranzen 3.5
stecken?«

"Should his miraculous powers be in the satchel?"

verstellte sich und liebkoste ihn, und als sein Herz 3.6
weich geworden war, sprach sie:

and caressed him, and when his heart had softened, she
said,

»Wenn du nur den schlechten Ranzen ablegen 3.7
wolltest, er verunziert dich so sehr, daß ich mich
deiner schämen muß.«

"If you would only take off that bad satchel, it disfigures
you so much that I must be ashamed of you."

»Liebes Kind.« antwortete er, 3.8

"Dear child." he answered,

»dieser Ranzen ist mein größter Schatz, solange ich 3.9
den habe, fürchte ich keine Macht der Welt.«

"this satchel is my greatest treasure, as long as I have it I
fear no power in the world."

und verriet ihr, mit welchen Wunderkräften er 3.10
begabt war.

and told her what miraculous powers he was endowed
with.

3.11 Da fiel sie ihm um den Hals, als wenn sie ihn küssen wollte, nahm ihm aber mit Behendigkeit den Ranzen von der Schulter und lief damit fort.

Then she threw her arms around his neck as if she wanted to kiss him, but nimbly took the satchel from his shoulder and ran off with it.

3.12 Sobald sie allein war, klopfte sie daraus und befahl den Kriegsleuten, sie sollten ihren vorigen Herrn festnehmen und aus dem königlichen Palast fortführen.

As soon as she was alone, she knocked on it and ordered the soldiers to arrest her former master and take him away from the royal palace.

3.13 Sie gehorchten und die falsche Frau ließ noch mehr Leute hinter ihm herziehen, die ihn ganz zum Lande hinausjagen sollten.

They obeyed and the false wife sent more people after him to chase him out of the country.

3.14 Da wäre er verloren gewesen, wenn er nicht das Hütlein gehabt hätte.

He would have been lost if he had not had the little hat.

3.15 Kaum aber waren seine Hände frei,

But as soon as his hands were free,

3.16 so schwenkte er es ein paarmal;

he waved it a few times;

3.17 alsbald fing das Geschütz an zu donnern und schlug alles nieder und die Königstochter mußte selbst kommen und um Gnade bitten.

at once the gun began to thunder and knocked everything down, and the king's daughter had to come herself and beg for mercy.

Weil sie so beweglich bat und sich zu bessern versprach,   3.18

Because she pleaded so earnestly and promised to mend her ways,

so ließ er sich überreden und bewilligte ihr Frieden.   3.19

he was persuaded and granted her peace.

Sie that freundlich mit ihm, stellte sich an, als hätte sie ihn sehr lieb und wußte ihn nach einiger Zeit so zu bethören, daß er ihr vertraute, wenn auch einer den Ranzen in seine Gewalt bekäme, so könnte er doch nichts gegen ihn ausrichten solange das alte Hütlein noch sein wäre.   3.20

She behaved kindly to him, acted as if she were very fond of him, and after some time knew how to beguile him, so that he trusted her that if any one could get hold of the satchel, he could do nothing against him as long as the old hat was still his.

Als sie das Geheimnis wußte, wartete sie bis er eingeschlafen war, dann nahm sie ihm das Hütlein weg, und ließ ihn hinaus auf die Straße werfen.   3.21

When she knew the secret, she waited until he had fallen asleep, then she took the little hat away from him and had him thrown out into the street.

Aber noch war ihm das Hörnlein übrig,   3.22

But the little horn was still left to him,

und in großem Zorne blies er aus allen Kräften hinein.   3.23

and in a great rage he blew into it with all his might.

3.24 Alsbald fiel alles zusammen, Mauern, Festungswerk, Städte und Dörfer, und schlugen den König und die Königstochter tot.

Immediately everything fell down, walls, fortifications, towns and villages, and struck the king and the king's daughter dead.

3.25 Und wenn er das Hörnlein nicht abgesetzt und nur noch ein wenig länger geblasen hätte, so wäre alles über den Haufen gestürzt und, kein Stein auf dem andern geblieben.

And if he had not put down the little horn and blown just a little longer, everything would have fallen over and not one stone would have been left upon another.

3.26 Da widerstand ihm niemand mehr,

Then no one resisted him,

3.27 und er setzten sich zum König über das ganze Reich.

and he made himself king over the whole kingdom.

Das Bürle

The Brush

1.1 **Es war ein Dorf, darin saßen lauter reiche Bauern und nur ein armer, den nannten sie das Bürle (Bäuerlein).**
It was a village full of rich farmers and only one poor one, whom they called the Bürle (little farmer).

1.2 **Er hatte nicht einmal eine Kuh und noch weniger Geld eine zu kaufen,**
He didn't even have a cow and even less money to buy one,

1.3 **und er und seine Frau hätten so gern eine gehabt.**
and he and his wife would have loved to have one.

1.4 **Einmal sprach er zu ihr:**
Once he said to her:

»Hör, ich habe einen guten Gedanken, da ist unser   1.5
Gevatter Schreiner, der soll uns ein Kalb aus Holz
machen und braun anstreichen, daß es wie ein
anderes aussieht, mit der Zeit wird's wohl groß und
giebt eine Kuh.«

"Listen, I have a good idea, there's our father's carpenter,
he should make us a calf out of wood and paint it brown so
that it looks like another one, in time it will probably grow
big and make a cow."

Der Frau gefiel das auch, und der Gevatter Schreiner   1.6
zimmerte und hobelte das Kalb zurecht, strich es an,
wie sich's gehörte, und machte es so, daß es den Kopf
herabsenkte, als fräße es.

The woman liked that too, and the father carpenter
carpentered and planed the calf, painted it as it should be,
and made it so that it lowered its head as if it were eating.

Wie die Kühe des anderen Morgens ausgetrieben   2.1
wurden rief das Bürle den Hirt herein und sprach:

The next morning, as the cows were being driven out, the
little girl called the herdsman in and said:

»Seht, da hab ich ein Kälbchen, aber es ist noch klein   2.2
und muß noch getragen werden.«

"Look, I've got a calf, but it's still small and has to be
carried."

Der Hirt sagte: »Schon gut.« nahm's in seinen.   2.3

The shepherd said, "That's all right." He took it in his arms.

Arm, trug's hinaus auf die Weide und stellte es ins   2.4
Gras.

He carried it out to the pasture and put it on the grass.

2.5 Das Kälbchen blieb da immer stehen wie eins das frißt, und der Hirt sprach:

The little calf always stood there like one that eats, and the shepherd said,

2.6 »Das wird bald selber laufen, guck einer, wie es schon frißt!«

"It will soon walk itself, look how it is already eating!"

2.7 Abends, als er die Herde wieder heimtreiben wollte, sprach er zu dem Kalbe:

In the evening, when he wanted to drive the herd home again, he said to the calf:

2.8 »Kannst du da stehen und dich satt fressen, so kannst du auch auf deinen vier Beinen gehen, ich mag dich nicht wieder auf dem Arm heim schleppen.«

"If you can stand there and eat your fill, you can also walk on your four legs, I don't want to drag you home in my arms again."

2.9 Das Bürle stand aber vor der Hausthür und wartete auf sein Kälbchen;

But the little cow stood at the door of the house and waited for her calf;

2.10 als nun der Kuhhirt durchs Dorf trieb und das Kälbchen fehlte,

when the cowherd was driving through the village and the calf was missing,

2.11 fragte er danach. Der Hirt antwortete:

he asked about it. The herdsman replied:

2.12 »Das steht noch immer draußen und frißt;

"It's still standing outside eating;

es wollte nicht aufhören und nicht mitgehen.«   2.13
it wouldn't stop and wouldn't go."

Bürle aber sprach: »Ei was,   2.14
But Bürle said: "Well,

ich muß mein Vieh wieder haben.«   2.15
I must have my cattle back."

Da gingen sie zusammen nach der Wiese zurück,   2.16
So they went back to the meadow together,

aber einer hatte das Kalb gestohlen und es war fort.   2.17
but someone had stolen the calf and it was gone.

Sprach der Hirt: »Es wird sich wohl verlaufen haben.«   2.18
The shepherd said, "It must have lost its way."

Das Bürle aber sagte: »Mir nicht so!«   2.19
But the little cow said, "Not so!"

und führte den Hirten vor den Schultheiß, der verdammte ihn für seine Nachlässigkeit, daß er dem Bürle für das entkommene Kalb mußte eine Kuh geben.   2.20
and brought the shepherd before the mayor, who condemned him for his negligence, that he had to give the little cow a cow for the escaped calf.

Nun hatte das Bürle und seine Frau die lange gewünschte Kuh;   3.1
Now the little boy and his wife had the cow they had wanted for so long;

3.2 sie freuten sich von Herzen, hatten aber kein Futter und konnten ihr nichts zu fressen geben, also mußte sie bald geschlachtet werden.

they were delighted, but they had no food and could give her nothing to eat, so she had to be slaughtered soon.

3.3 Das Fleisch salzten sie ein und das Bürle ging in die Stadt und wollte das Fell dort verkaufen, um für den Erlös ein neues Kälbchen zu bestellen.

They salted the meat and the little boy went into town to sell the hide and buy a new calf for the proceeds.

3.4 Unterwegs kam er an eine Mühle, da saß ein Rabe mit gebrochenen Flügeln, den nahm er aus Erbarmen auf und wickelte ihn in das Fell.

On the way, he came across a mill where a raven with broken wings was sitting, and out of pity he picked it up and wrapped it in the fur.

3.5 Weil aber das Wetter so schlecht ward, und der Wind und Regen stürmte, konnte er nicht weiter, kehrte in der Mühle ein und bat um Herberge.

But because the weather was so bad and the wind and rain were blowing, he could go no further, so he stopped at the mill and asked for shelter.

3.6 Die Müllerin war allein zu Hause und sprach zu dem Bürle:

The miller's wife was alone at home and said to the little boy,

3.7 »Da leg dich auf die Streu.« und gab ihm ein Käsebrot.

"Lie down on the litter." and gave him a cheese sandwich.

3.8 Das Bürle aß und legte sich nieder, sein Fell neben sich, und die Frau dachte,

The little fellow ate and lay down, his coat beside him, and the woman thought,

»Der ist müde und schläft.« 3.9

"He is tired and asleep."

Indem kam der Pfaff, die Frau Müllerin empfing ihn 3.10
wohl und sprach,

Then the Pfaff came, the miller's wife received him well and
said,

»Mein Mann ist aus, da wollen wir uns traktieren.« 3.11

"My husband is out, let's go and have a good time."

Bürle horchte auf und wie's von Traktieren hörte, 3.12
ärgerte es sich, daß es mit Käsebrot hatte vorlieb
nehmen müssen.

Bürle listened, and when he heard about the malting, he
was angry that he had had to make do with cheese bread.

Da trug die Frau herbei, und trug viererlei auf, 3.13
Braten, Salat, Kuchen und Wein.

Then the woman came and brought four things, roast meat,
salad, cake and wine.

Wie sie sich nun setzten und essen wollten, klopfte es 4.1
draußen.

As they sat down to eat, there was a knock outside.

Sprach die Frau: »Ach Gott, das ist mein Mann!« 4.2

The woman said: "Oh God, it's my husband!"

Geschwind versteckte sie den Braten in die 4.3
Ofenkachel, den Wein unters Kopfkissen, den Salat
aufs Bett, den Kuchen unters Bett und den Pfaff in
den Schrank auf dem Hausehrn.

She quickly hid the roast in the oven tile, the wine under
the pillow, the salad on the bed, the cake under the bed and
the Pfaff in the cupboard on the househrn.

4.4 Danach machte sie dem Mann auf und sprach,
Then she opened the man's door and said,

4.5 »Gottlob, daß du wieder hier bist!
"Thank goodness you're back!

4.6 Das ist ein Wetter, als wenn die Welt untergehen sollte!«
This is weather like the end of the world!"

4.7 Der Müller sah's Bürle auf der Streu liegen und fragte,
The miller saw Bürle lying on the litter and asked,

4.8 »Was will der Kerl da?«
"What does that fellow want?"

4.9 »Ach.« sagte die Frau,
"Oh." said the woman,

4.10 »der arme Schelm kam in dem Sturm und Regen, und bat um ein Obdach, da hab ich ihm ein Käsebrot gegeben, und ihm die Streu angewiesen.«
"the poor rascal came in the storm and rain and asked for shelter, so I gave him a cheese sandwich and gave him the litter."

4.11 Sprach der Mann: »Ich habe nichts dagegen,
The man said, "I don't mind,

4.12 aber schaff mir bald etwas zu essen.« Die Frau sagte:
but get me something to eat soon." The woman said:

4.13 »Ich habe aber nichts als Käsebrot.«
"But I have nothing but cheese bread."

4.14 »Ich bin mit allem zufrieden.« antwortete der Mann,
"I'm happy with anything." replied the man,

41

»meinetwegen mit Käsebrot.«

4.15

"with cheese bread for all I care."

sah das Bürle an und rief,

4.16

He looked at the little boy and called out,

»Komm und iß noch einmal mit.«

4.17

"Come and eat with me again."

Bürle ließ sich das nicht zweimal sagen, stand auf und aß mit.

4.18

Bürle didn't need to be told twice, got up and ate.

Danach sah der Müller das Fell auf der Erde liegen, in dem der Rabe steckte, und fragte:

4.19

Afterwards, the miller saw the fur on the ground where the raven was and asked:

»Was hast du da?« Antwortete das Bürle:

4.20

"What's that?" The little boy replied:

»Da hab ich einen Wahrsager drin.«

4.21

"I have a fortune teller in there."

»Kann der mir auch wahrsagen?« sprach der Müller.

4.22

"Can he tell my fortune too?" said the miller.

»Warum nicht?« antwortete das Bürle,

4.23

"Why not?" replied the little boy,

»er sagt aber nur vier Dinge,

4.24

"but he only says four things,

und das fünfte behält er bei sich.«

4.25

and he keeps the fifth for himself."

4.26 Der Müller war neugierig und sprach: »Laß ihn einmal wahrsagen.«

The miller was curious and said, "Let him tell his fortune."

4.27 Da drückte Bürle den Raben auf den Kopf, daß er quakte und »krr krr« wachte.

Then Bürle pressed the raven on the head so that it croaked and "krr krr".

4.28 Sprach der Müller: »Was hat er gesagt?« Bürle antwortete:

The miller said, "What did he say?" Bürle replied:

4.29 »Erstens hat er gesagt, es steckte Wein unterm Kopfkissen.«

"Firstly, he said there was wine under the pillow."

4.30 »Das wäre des Kuckucks!« rief der Müller,

"That would be the cuckoo's!" cried the miller,

4.31 ging hin und fand den Wein. »Nun weiter.«

went over and found the wine. "Now go on."

4.32 sprach der Müller.

said the miller.

4.33 Das Bürle ließ den Raben wieder quaksen und sprach:

The little boy made the raven croak again and said,

4.34 »Zweitens, hat er gesagt, wäre Braten in der Ofenkachel.«

"Secondly, he said there was roast meat in the oven tile."

4.35 »Das wäre des Kuckucks!« rief der Müller,

"That would be the cuckoo's!" cried the miller,

4.36 ging hin und fand den Braten.

went and found the roast.

Bürle ließ den Raben noch mehr weissagen und sprach, · 4.37

Bürle made the raven prophesy some more and said,

»Drittens, hat er gesagt, wäre Salat auf dem Bett.« · 4.38

"Thirdly, he said it was lettuce on the bed."

»Das wäre des Kuckucks!« rief der Müller, · 4.39

"That would be the cuckoo's!" cried the miller,

ging hin und fand den Salat. · 4.40

went and found the lettuce.

Endlich drückte das Bürle den Raben noch einmal, daß er knurrte, und sprach, · 4.41

At last the little boy pressed the raven once more, so that he growled, and said,

»Viertens, hat er gesagt, wäre Kuchen unterm Bett.« · 4.42

"Fourthly, he said it was cake under the bed."

»Das wäre des Kuckucks!« rief der Müller, · 4.43

"That would be the cuckoo's" cried the miller,

ging hin und fand den Kuchen. · 4.44

and went and found the Cake.

Nun setzten sich die zwei zusammen an den Tisch, die Müllerin aber bekam Todesängste, legte sich ins Bett und nahm alle Schlüssel zu sich. · 5.1

Now the two of them sat down at the table together, but the miller's wife was scared to death, lay down in bed and took all the keys with her.

5.2 Der Müller hätte auch gern das fünfte gewußt, aber Bürle sprach,

The miller would also have liked to know the fifth, but Bürle said,

5.3 »Erst wollen wir die vier anderen Dinge ruhig essen,

"First let's eat the other four things quietly,

5.4 denn das fünfte ist etwas Schlimmes.«

because the fifth is something bad."

5.5 So aßen sie und danach ward gehandelt, wieviel der Müller für die fünfte Wahrsagung geben sollte, bis sie um dreihundert Thaler einig wurden.

So they ate, and then they discussed how much the miller should give for the fifth divination, until they agreed on three hundred thalers.

5.6 Da drückte das Bürle dem Raben noch, einmal an den Kopf, daß er laut quakte.

Then the little brute pressed the raven once more on the head, so that it croaked loudly.

5.7 Fragte der Müller: »Was hat er gesagt?« Antwortete das Bürle:

The miller asked, "What did he say?" The little boy replied,

5.8 »Er hat gesagt, draußen im Schrank auf dem Hausehrn, da steckte der Teufel.«

"He said that the devil was in the cupboard outside the house."

5.9 Sprach der Müller: »Der Teufel muß hinaus.«

The miller said, "The devil must go out."

5.10 und sperrte die Hausthür auf,

and unlocked the door of the house,

die Frau aber mußte den Schlüssel hergeben und
Bürle schloß den Schrank auf. 5.11

but the woman had to give up the key and Bürle unlocked
the cupboard.

Da lief der Pfaff was er konnte, hinaus, und der
Müller sprach, 5.12

Then the priest ran out as fast as he could, and the miller
said,

»Ich habe den schwarzem Kerl mit meinen Augen
gesehen; 5.13

"I have seen the black fellow with my eyes;

es war richtig.« 5.14

it was right."

Bürle aber machte sich am anderen Morgen in der
Dämmerung mit dem dreihundert Thalern aus dem
Staube. 5.15

Bürle, however, made off at dawn the next morning with
the three hundred thalers.

Daheim that sich das Bürle allgemach auf, baute ein
hübsches Haus, und die Bauern sprachen: 6.1

At home, Bürle got up all by himself, built a pretty house,
and the peasants said,

»Das Bürle ist gewiß gewesen, wo der goldene Schnee
fällt und man das Geld mit Scheffeln heim trägt.« 6.2

"Bürle has certainly been where the golden snow falls and
the money is carried home in bushels."

Da ward Bürle vor den Schultheiß, gefordert, es sollte
sagen, woher sein Reichtum käme. 6.3

Then Bürle was brought before the mayor and asked to tell
where his wealth came from.

6.4 **Antwortete es:**
He replied:

6.5 **»Ich habe mein Kuhfell in der Stadt für dreihundert Thaler verkauft.«**
"I sold my cowhide in the town for three hundred thalers."

6.6 **Als die Bauern das hörten, wollten sie auch den großen Vorteil genießen, liefen heim, schlugen all ihre Kühe tot und zogen die Felle ab, um sie in der Stadt mit dem großen Gewinn zu verkaufen.**
When the peasants heard this, they also wanted to enjoy the great advantage, ran home, slaughtered all their cows and took off the hides to sell them in the town at a great profit.

6.7 **Der Schultheiß sprach: »Meine Magd muß aber vorangehen.«**
The mayor said, "But my maid must go first."

6.8 **Als diese zum Kaufmann in die Stadt kam,**
When she came to the merchant in the town,

6.9 **gab er ihr nicht mehr als drei Thaler für ein Fell;**
he gave her no more than three thalers for a hide;

6.10 **und als die übrigen kamen, gab er ihnen nicht einmal so viel und sprach,**
and when the others came, he did not even give them that much, saying,

6.11 **»Was soll ich mit all den Häuten anfangen?«**
"What shall I do with all these hides?"

Nun ärgerten sich die Bauern, daß sie vom Bürle   7.1
hinters Licht geführt waren, wollten Rache an ihm
nehmen und verklagten es wegen des Betrugs bei
dem Schultheiß.

Now the peasants were annoyed that they had been
deceived by the little boy, wanted to take revenge on him
and sued the mayor for the fraud.

Das unschuldige Bürle ward einstimmig zum Tode   7.2
verurteilt und sollte in einem durchlöcherten Faß ins
Wasser gerollt werden.

The innocent little boy was unanimously sentenced to
death and was to be rolled into the water in a perforated
barrel.

Bürle ward hinausgeführt und ein Geistlicher   7.3
gebracht, der ihm eine Seelenmesse lesen sollte.

Bürle was led out and a clergyman was brought to say a
mass for his soul.

Die anderen mußten sich alle entfernen, und wie das   7.4
Bürle den Geistlichen anblickte, so erkannte es den
Pfaffen, der bei der Frau Müllerin gewesen war.

The others all had to leave, and when Bürle looked at the
clergyman, he recognized the priest who had been with the
miller's wife.

Sprach es zu ihm: »Ich hab Euch aus dem Schrank   7.5
befreit,

He said to him, "I have freed you from the cupboard,

befreit mich aus dem Faß.«   7.6

free me from the barrel."

7.7 Nun trieb gerade der Schäfer mit einer Herde Schafe daher, von dem das Bürle wußte, daß er längst gern Schultheiß geworden wäre, da schrie es aus allen Kräften:

Just then the shepherd was driving along with a flock of sheep, and the little boy knew that he would have liked to have been mayor long ago, so he shouted with all his might,

7.8 »Nein, ich thu's nicht! und wenn's die ganze Welt haben wollte, nein, ich thu's nicht!«

"No, I won't do it, and if the whole world wanted it, no, I won't!"

7.9 Der Schäfer, der das hörte, kam herbei und fragte:

The shepherd, hearing this, came over and asked:

7.10 »Was hast du vor? Was willst du nicht thun!«

"What are you going to do? What don't you want to do?"

7.11 Bürle sprach:

Bürle said,

7.12 »Da wollen sie mich zum Schultheiß machen, wenn ich mich in das Faß setze, aber ich thu's nicht.«

"They want to make me mayor if I sit in the barrel, but I won't do it."

7.13 Der Schäfer sagte:

The shepherd said,

7.14 »Wenn's weiter nichts ist, um Schultheiß zu werden, wollte ich mich gleich in das Faß setzen.«

"If it's nothing more to become mayor, I would sit in the barrel right away."

7.15 Bürle sprach: »Willst du dich hineinsetzen,

Bürle said, "If you want to sit in it,

so wirst du auch Schultheiß.« 7.16

you'll become mayor too."

Der Schäfer war's zufrieden, setzte sich hinein, und 7.17
das Bürle schlug den Deckel darauf;

The shepherd was satisfied, sat down in it, and Bürle
put the lid on it;

dann nahm es die Herde des Schäfers für sich und 7.18
trieb sie fort.

then he took the shepherd's flock for himself and drove it
away.

Der Pfaff aber ging zur Gemeinde und sagte, die 7.19
Seelenmesse wäre gelesen.

But the priest went to the congregation and said that mass
had been said.

Da kamen sie und rollten das Faß nach dem Wasser 7.20
hin.

Then they came and rolled the barrel towards the water.

Als das Faß zu rollen anfing, rief der Schäfer: 7.21

As the barrel began to roll, the shepherd called out:

»Ich will ja gern Schultheiß werden.« 7.22

"I would like to be mayor."

Sie glaubten nicht anders, als das Bürle schrie so, und 7.23
sprachen,

They did not believe otherwise, as the little boy cried out,
and said,

»Das meinen wir auch, 7.24

"We think so too,

7.25 aber erst sollst du dich da unten umsehen.«
but first you should look around down there."

7.26 und rollten das Faß ins Wasser hinein.
and rolled the barrel into the water.

8.1 Darauf gingen die Bauern heim, und wie sie ins Dorf kamen, so kam auch das Bürle daher, trieb eine Herde Schafe ruhig ein und war ganz zufrieden.
Then the peasants went home, and as they came into the village, along came the little brute, quietly driving in a flock of sheep and quite content.

8.2 Da erstaunten die Bauern und sprachen: »Bürle,
The farmers were astonished and said, "Little boy,

8.3 wo kommst du her? kommst du aus dem Wasser!«
where did you come from? Did you come from the water?"

8.4 »Freilich.« antwortete das Bürle,
"Of course." replied the little boy,

8.5 »ich bin versunken tief, tief, bis ich endlich auf den Grund kam;
"I sank deep, deep, until I finally came to the bottom;

8.6 ich stieß dem Faß den Boden aus, und kroch hervor, da waren schöne Wiesen, auf denen viele Lämmer weideten, davon bracht ich mir die Herde mit.«
I pushed the bottom out of the barrel and crawled out, where there were beautiful meadows where many lambs were grazing, from which I brought the flock with me."

8.7 Sprachen die Bauern: »Sind noch mehr da?«
The farmers said, "Are there any more?"

»O ja.« sagte das Bürle, »mehr als ihr brauchen
könnt.«
8.8

"Oh yes." said the little boy, "more than you can use."

Da verabredeten sich die Bauern, daß sie sich auch
Schafe holen wollten, jeder eine Herde;
8.9

Then the peasants agreed that they would also get sheep,
each a flock;

der Schultheiß aber sagte: Ich komme zuerst.«
8.10

but the mayor said, "I will come first."

Nun gingen sie zusammen zum Wasser, da standen
gerade am blauen Himmel kleine Flockwolken, die
man Lämmerchen nennt, die spiegelten sich im
Wasser ab, da riefen die Bauern,
8.11

So they went together to the water, and just then there
were little fluffy clouds in the blue sky, which are called
lambs, and they were reflected in the water, when the
farmers called out,

»Wir sehen schon die Schafe unten auf dem Grund.«
8.12

"We can already see the sheep down at the bottom."

Der Schulz drängte sich hervor und sagte,
8.13

The Schulz pushed his way out and said,

»Nun will ich zuerst hinunter und mich umsehen;
8.14

"Now I'll go down first and have a look around;

wenn's gut ist, will ich euch rufen.« Da sprang er
hinein,
8.15

if it's all right, I'll call you." Then he jumped in,

»plump« klang es im Wasser.
8.16

"clumsy" it sounded in the water.

8.17 **Sie meinten nicht anders als er riefe ihnen zu: »kommt!«**

They thought he was calling out to them: "Come!"

8.18 **und der ganze Haufe stürzte in einer Hast hinter ihm drein.**

and the whole crowd rushed after him.

8.19 **Da war das Dorf ausgestorben, und Bürle als der einzige Erbe ward ein reicher Mann.**

Then the village died out and Bürle, the only heir, became a rich man.

Die Bienenkönigin

The Queen Bee

1.1 Zwei Königssöhne gingen einmal auf Abenteuer und gerieten in ein wildes, wüstes Leben, sodaß sie gar nicht wieder nach Hause kamen.

Two of the King's sons once went on an adventure, and fell into a wild, wild life, so that they never came home again.

1.2 Der jüngste, welcher der Dummling hieß, machte sich auf und suchte seine Brüder; aber wie er sie endlich fand, verspotteten sie ihn, daß er mit seiner Einfalt sich durch die Welt schlagen wollte, und sie zwei könnten nicht durchkommen, und wären doch viel klüger.

The youngest, who was called the fool, set out to seek his brothers, but when he at last found them, they mocked him, saying that he was trying to get through the world with his simplicity, and that they two could not get through, and yet were much wiser.

1.3 Sie zogen alle drei miteinander fort und kamen an einen Ameisenhaufen.

They all three went away together and came to an anthill.

Die zwei ältesten wollten ihn aufwühlen und sehen   1.4
wie die kleinen Ameisen in der Angst herumkröchen
und ihre Eier forttrügen, aber, der Dummling sagte:

The two eldest wanted to stir it up and see how the little
ants were crawling about in fear and carrying off their eggs,
but the fool said,

»Laßt die Tiere in Frieden, ich leid's nicht, daß ihr sie   1.5
stört.«

"Leave the animals in peace, I am not sorry that you are
disturbing them."

Da gingen sie weiter und kamen an einen See, auf   1.6
dem schwammen viele viele Enten.

So they went on, and came to a lake where many, many
ducks were swimming.

Die zwei Brüder wollten ein paar fangen und braten,   1.7
aber der Dummling ließ es nicht zu und sprach:

The two brothers wanted to catch some and roast them, but
the fool would not allow it, and said,

»Laßt die Tiere in Frieden, ich leid's nicht, daß ihr sie   1.8
tötet.«

"Leave the animals alone, I do not like you to kill them."

Endlich, kamen sie an ein Bienennest, darin war   1.9
soviel Honig, daß er am Stamm herunterlief.

At last they came to a bees' nest, and there was so much
honey in it that it ran down the trunk.

Die zwei wollten Feuer unter den Baum legen und die   1.10
Bienen ersticken, damit sie den Honig wegnehmen
könnten.

The two wanted to put fire under the tree and suffocate the
bees so that they could take the honey away.

1.11 Der Dummling hielt sie aber wieder ab und sprach:
But the fool stopped them again and said,

1.12 »Laßt die Tiere in Frieden, ich leid's nicht, daß ihr sie verbrennt.«
"Leave the animals alone, I am not sorry that you are burning them."

1.13 Endlich kamen die drei Brüder in ein Schloß, wo in den Ställen lauter steinerne Pferde standen, auch war kein Mensch zu sehen, und sie gingen durch alle Säle, bis sie vor eine Thür ganz am Ende kamen, davor hingen drei Schlösser;
At last the three brothers came to a castle, where the stables were full of stone horses, and no one was to be seen, and they went through all the halls till they came to a door at the very end, with three locks hanging in front of it;

1.14 es war aber mitten in der Thür ein Lädlein,
but there was a little shop in the middle of the door,

1.15 dadurch konnte man in die Stube sehen.
through which they could see into the room.

1.16 Da sahen sie ein graues Männchen, das an einem Tisch saß.
There they saw a little gray man sitting at a table.

1.17 Sie riefen es an, einmal, zweimal, aber es hörte nichts;
They called to him, once, twice, but he heard nothing;

1.18 endlich riefen sie zum drittenmal, da stand es auf, öffnete die Schlösser und kam heraus.
at last they called a third time, and he got up, opened the locks, and came out.

Es sprach aber kein Wort, 1.19

But he said not a word,

sondern führte sie zu einem reich besetzten Tisch; 1.20

but led them to a richly laden table;

und als sie gegessen und getrunken hatten, 1.21

and when they had eaten and drunk,

brachte es einen jeglichen in sein eigenes Schlafgemach. 1.22

he took each of them to his own bedchamber.

Am anderen Morgen kam das graue Männchen zu dem ältesten, winkte und leitete ihn zu einer steinernen Tafel, darauf standen drei Aufgaben geschrieben, wodurch das Schloß erlöst werden könnte. 1.23

The next morning the little gray man came to the eldest, beckoned to him, and led him to a stone tablet, on which were written three tasks by which the castle might be redeemed.

Die erste war, in dem Walde unter dem Moos lagen die Perlen der Königstochter, tausend an der Zahl, die mußten aufgesucht werden, und wenn vor Sonnenuntergang noch eine einzige fehlte, so ward der, welcher gesucht hatte, zu Stein. 1.24

The first was that in the forest under the moss lay the pearls of the king's daughter, a thousand in number, which had to be sought out, and if a single one was missing before sunset, the one who had sought it would turn to stone.

Der älteste ging hin und suchte den ganzen Tag, als aber der Tag zu Ende war, hatte er erst hundert gefunden; 1.25

The eldest went and searched all day, but when the day was over he had only found a hundred;

1.26 es geschah wie auf der Tafel stand,

it happened as the tablet said,

1.27 er ward in Stein verwandelt.

he was turned to stone.

1.28 Am folgenden Tage unternahm der zweite Bruder das Abenteuer;

The next day the second brother undertook the adventure, but he did not fare much better than the eldest;

1.29 es ging ihm aber nicht viel besser als dem ältesten, er fand nicht mehr als zweihundert Perlen und ward zu Stein.

he found no more than two hundred pearls and was turned to stone.

1.30 Endlich kam auch an den Dummling die Reihe, der suchte im Moos, es war aber so schwer die Perlen zu finden und ging so langsam.

Finally it was the fool's turn to search in the moss, but it was so difficult to find the pearls and he was so slow.

1.31 Da setzte er sich auf einen Stein und weinte.

So he sat down on a stone and wept.

1.32 Und wie er so saß, kam der Ameisenkönig, dem er einmal das Leben erhalten harte, mit fünftausend Ameisen, und es währte gar nicht lange, so hatten die kleinen Tiere die Perlen miteinander gefunden und auf einen Haufen getragen.

And as he sat there, the ant king, whose life he had once saved, came with five thousand ants, and it wasn't long before the little creatures had found the pearls together and carried them to a pile.

Die zweite Aufgabe aber war, den Schlüssel zu der Schlafkammer der Königstochter aus der See zu holen.

1.33

The second task, however, was to fetch the key to the king's daughter's bedchamber from the sea.

Wie der Dummling zur See kam, schwammen die Enten, die er einmal gerettet hatte, heran, tauchten unter und holten den Schlüssel aus der Tiefe.

1.34

As the fool came to the sea, the ducks he had once rescued swam up, dived underwater and retrieved the key from the depths.

Die dritte Aufgabe aber war die schwerste, aus den drei schlafenden Töchtern des Königs sollte die jüngste und die liebste herausgesucht werden.

1.35

The third task, however, was the most difficult: from the king's three sleeping daughters, the youngest and most beloved was to be chosen.

Sie glichen sich aber vollkommen, und waren durch nichts verschieden, als daß sie, bevor sie eingeschlafen waren, verschiedene Süßigkeiten gegessen hatten, die älteste ein Stück Zucker, die zweite ein wenig Syrup, die jüngste einen Löffel voll Honig.

1.36

But they were perfectly alike, and differed in nothing but that before they fell asleep they had eaten different sweets, the eldest a lump of sugar, the second a little syrup, the youngest a spoonful of honey.

1.37 Da kam die Bienenkönigin von den Bienen, die der Dummling vor dem Feuer geschützt hatte, und versuchte den Mund von allen dreien, zuletzt blieb sie auf dem Munde sitzen, der Honig gegessen hatte, und so erkannte der Königssohn die rechte.

Then the queen bee came from the bees which the fool had protected from the fire, and tried the mouths of all three, at last she remained sitting on the mouth which had eaten honey, and so the king's son recognized the right one.

1.38 Da war der Zauber vorbei, alles war aus dem Schlaf erlöst, und wer von Stein war, erhielt seine menschliche Gestalt wieder.

Then the spell was over, everything was released from sleep, and those who were of stone regained their human form.

1.39 Und der Dummling vermählte sich mit der jüngsten und liebsten,

And the fool married the youngest and dearest,

1.40 und ward König nach ihres Vaters Tode;

and became king after her father's death;

1.41 seine zwei Brüder aber erhielten die beiden anderen Schwestern.

but his two brothers received the other two sisters.

Die drei Federn

The Three Feathers

1.1 Es war einmal ein König, der hatte drei Söhne, davon
waren zwei klug und gescheit, aber der dritte sprach
nicht viel, war einfältig und hieß nur der Dummling.
Once upon a time there was a king who had three sons, two
of whom were wise and clever, but the third did not speak
much, was simple-minded and was only called the fool.

1.2 Als der König alt und schwach ward und an sein Ende
dachte, wußte er nicht, welcher von seinen Söhnen
nach ihm das Reich erben sollte.
When the king grew old and weak and thought of his
end, he did not know which of his sons should inherit the
kingdom after him.

1.3 Da sprach er zu ihnen:
So he said to them,

1.4 »Zieht aus, und wer mir den feinsten Teppich bringt,
der soll nach meinem Tode König sein.«
"Go forth, and whoever brings me the finest carpet shall be
king after my death."

Und damit es keinen Streit unter ihnen gab, führte er
sie vor sein Schloß, blies drei Federn in die Luft und
sprach: 1.5

And so that there would be no quarrel among them, he led
them outside his castle, blew three feathers into the air and
said:

»Wie die fliegen, so sollt ihr ziehen.«   1.6

"As these fly, so shall you go."

Die eine Feder flog nach Osten, die andere nach
Westen, die dritte flog aber gerade aus und flog nicht
weit, sondern fiel bald zur Erde.   1.7

One feather flew to the east, the other to the west, but the
third flew straight out and did not fly far, but soon fell to
earth.

Nun ging der eine Bruder rechts, der andere ging
links, und sie lachten den Dummling aus, der bei der
dritten Feder, da, wo sie niedergefallen war, bleiben
mußte.   1.8

Now one brother went to the right, the other to the left,
and they laughed at the fool, who had to stay with the third
feather where it had fallen.

Der Dummling setzte sich nieder und war traurig.   2.1

The fool sat down and was sad.

Da bemerkte er auf einmal, daß neben der Feder eine
Fallthür lag.   2.2

Then he suddenly noticed that there was a trapdoor next to
the spring.

Er hob sie in die Höhe, fand eine Treppe und stieg
hinab.   2.3

He lifted it up, found a staircase, and descended.

2.4 **Da kam er vor eine andere Thür, klopfte an, und hörte, wie es inwendig rief:**

Then he came to another door, knocked at it, and heard a cry from within:

»Jungfer grün und klein,

"Maid green and small,

Hutzelbein,

Hutzelbein,

Hutzelbeins Hündchen,

Hutzelbein's puppy,

Hutzel hin und her,

Hutzel back and forth,

laß geschwind sehen, wer draußen wär.«

Let's quickly see who's outside."

4.1 **Die Thür that sich auf und er sah eine große Itsche (Kröte) sitzen und rings um sie eine Menge kleiner Itschen.**

The door opened and he saw a big toad sitting there and a lot of little toads around it.

4.2 **Die dicke Itsche fragte, was sein Begehren wäre. Er antwortete:**

The fat toad asked what he wanted. He replied:

4.3 **»Ich hätte gern den schönsten und feinsten Teppich.«**

"I would like the most beautiful and finest carpet."

4.4 **Da rief sie eine junge und sprach:**

Then she called a young one and said:

»Jungfer grün und klein,

"Maid green and small,

Hutzelbein,

Hutzelbein,

Hutzelbeins Hündchen,

Hutzelbein's puppy,

Hutzel hin und her,

Hutzel back and forth,

bring' mir die große Schachtel her.«

Bring me the big box."

6.1

Die junge Itsche holte die Schachtel, und die dicke Itsche machte sie auf und gab dem Dummling einen Teppich daraus, so schön und so fein, wie oben auf der Erde keiner konnte gewebt werden.

The young Itsche fetched the box, and the fat Itsche opened it and gave the fool a carpet, as beautiful and as fine as none could be woven on earth.

6.2

Da dankte er ihr und stieg wieder hinauf.

Then he thanked her and climbed up again.

7.1

Die beiden anderen hatten aber ihren jüngsten Bruder für so albern gehalten, daß sie glaubten, er würde gar nichts finden und aufbringen.

The other two, however, had thought their youngest brother so silly that they believed he would not find and bring up anything.

7.2

»Was sollen wir uns mit Suchen große Mühe geben.«

"Why should we take so much trouble in searching."

7.3

sprachen sie, nahmen dem ersten besten Schäfersweib, das ihnen begegnete, die groben Tücher vom Leib und trugen sie dem König heim.

said they, and took the coarse cloths from the first best shepherdess they met, and carried them home to the King.

7.4 Zu derselben Zeit kam auch der Dummling zurück und brachte seinen schönen Teppich, und als der König den sah, erstaunte er und sprach,

At the same time the fool came back and brought his beautiful carpet, and when the king saw it, he was astonished and said,

7.5 »Wenn es dem Recht nach gehen soll,

"If it is right,

7.6 so gehört dem jüngsten das Königreich.«

the kingdom belongs to the youngest."

7.7 Aber die zwei anderen ließen dem Vater keine Ruhe und sprachen, unmöglich könnte der Dummling, dem es in allen Dingen an Verstand fehlte, König werden, und baten ihn, er möchte eine neue Bedingung machen.

But the two others left the father no peace and said that the fool, who lacked understanding in all things, could not possibly become king, and asked him to make a new condition.

7.8 Da sagte der Vater:

Then the father said,

7.9 »Der soll das Reich erben, der mir den schönsten Ring bringt.«

"He shall inherit the kingdom who brings me the most beautiful ring."

7.10 führte die drei Brüder hinaus, und blies drei Federn in die Luft, denen sie nachgehen sollten.

He led the three brothers out and blew three feathers into the air for them to follow.

Die zwei ältesten zogen wieder nach Osten und Westen,

7.11

The two eldest went east and west again,

und für den Dummling flog die Feder geradeaus und fiel neben der Erdthür nieder.

7.12

and for the fool the feather flew straight ahead and fell down beside the earth-door.

Da stieg er wieder hinab zu der dicken Itsche und sagte ihr, daß er den schönsten Ring brauchte.

7.13

Then he went down again to the fat Itsche and told her that he needed the most beautiful ring.

Sie ließ sich gleich ihre große Schachtel holen, und gab ihm daraus einen Ring, der glänzte von Edelsteinen und war so schön, daß ihn kein Goldschmied auf der Erde hätte machen können.

7.14

She at once sent for her large box, and gave him a ring out of it, which shone with precious stones, and was so beautiful that no goldsmith on earth could have made it.

Die zwei ältesten lachten über den Dummling, der einen goldenen Ring suchen wollte, gaben sich gar keine Mühe, sondern schlugen einem alten Wagenring die Nägel aus und brachten ihn dem König.

7.15

The two eldest laughed at the fool who wanted to find a golden ring, took no trouble at all, but knocked the nails out of an old chariot ring and brought it to the King.

Als aber der Dummling seinen goldenen Ring vorzeigte, so sprach der Vater abermals,

7.16

But when the fool showed his golden ring, the father said again,

»Ihm gehört das Reich.«

7.17

"The kingdom belongs to him."

7.18 Die zwei ältesten ließen nicht ab, den König zu quälen, bis er noch eine dritte Bedingung machte und den Ausspruch that, der sollte das Reich haben, der die schönste Frau heimbrächte.

The two eldest did not stop tormenting the king until he made a third condition and said that he would have the kingdom if he brought home the most beautiful woman.

7.19 Die drei Federn blies er nochmals in die Luft,

He blew the three feathers into the air again,

7.20 und sie flogen wie die vorigen Male.

and they flew as before.

8.1 Da ging der Dummling ohne weiteres hinab zu der dicken Itsche und sprach,

Without further ado, the fool went down to the fat girl and said,

8.2 »Ich soll die schönste Frau heimbringen.«

"I shall bring home the most beautiful woman."

8.3 »Ei.« antwortete die Itsche, »die schönste Frau!

"Oh." replied the ditz, "the most beautiful woman!

8.4 die ist nicht gleich zur Hand, aber du sollst sie doch haben.«

She is not at hand, but you shall have her."

8.5 Sie gab ihm eine ausgehöhlte gelbe Rübe mit sechs Mäuschen bespannt.

She gave him a hollowed-out yellow turnip with six little mice on it.

8.6 Da sprach der Dummling ganz traurig:

Then the fool said sadly,

»Was soll ich damit anfangen?« Die Itsche   8.7
antwortete:
"What shall I do with it?" The dumpling replied:

»Setze nur eine von meinen kleinen Itschen hinein.«   8.8
"Just put one of my little dumplings in it."

Da griff er auf Geratewohl eine aus dem Kreise und   8.9
setzte sie in die gelbe Kutsche, aber kaum saß sie
darin, so ward sie zu einem wunderschönen Fräulein,
die Rübe zur Kutsche, und die sechs Mäuschen zu
Pferden.
So he took one out of the circle at random and put her into
the yellow carriage, but as soon as she sat in it, she became
a beautiful young lady, the turnip became a carriage, and
the six little mice became horses.

Da küßte er sie, jagte mit den Pferden davon und   8.10
brachte sie zu dem König.
Then he kissed her, ran off with the horses, and took her to
the king.

Seine Brüder kamen nach, die hatten sich gar keine   8.11
Mühe gegeben, eine schöne Frau zu suchen, sondern
die ersten besten Bauernweiber mitgenommen.
His brothers followed, who had taken no trouble at all
to look for a beautiful wife, but had taken the first best
peasant wives with them.

Als der König sie erblickte, sprach er: 8.12
When the king saw them, he said:

»Dem jüngsten gehört das Reich nach meinem Tode.«   8.13
"The kingdom belongs to the youngest after my death."

8.14 Aber die zwei ältesten betäubten die Ohren des Königs aufs neue mit ihrem Geschrei,

But the two eldest deafened the king's ears anew with their cries,

8.15 »wir können's nicht zugeben, daß der Dummling König wird.«

"We cannot allow the fool to become king."

8.16 und verlangten, der sollte den Vorzug haben, dessen Frau durch einen Ring springen könnte, der da mitten in dem Saal hing.

and demanded that he should have the preference whose wife could jump through a ring hanging in the middle of the hall.

8.17 Sie dachten:

They thought:

8.18 »Die Bauernweiber können das wohl, die sind stark genug, aber das zarte Fräulein springt sich tot.«

"The peasant wives can do it, they are strong enough, but the delicate young lady will jump herself to death."

8.19 Der alte König gab das auch noch zu.

The old king admitted as much.

8.20 Da sprangen die zwei Bauernweiber, sprangen auch durch den Ring, waren aber so plump, daß sie fielen und ihre groben Arme und Beine entzwei brachen.

Then the two peasant women jumped, and also jumped through the ring, but they were so clumsy that they fell and broke their coarse arms and legs in two.

Darauf sprang das schöne Fräulein, das der Dummling mitgebracht hatte, und sprang so leicht hindurch wie ein Reh, und aller Widerspruch mußte aufhören.

Then the beautiful maiden, whom the fool had brought with him, jumped through as easily as a deer, and all opposition had to cease.

Also erhielt er die Krone und hat lange in Weisheit geherrscht.

So he received the crown and reigned long in wisdom.

Allerleirauh

1.1 Es war einmal ein König, der hatte eine Frau mit goldenen Haaren, und sie war so schön, daß sich ihresgleichen nicht mehr auf Erden fand.

Once upon a time there was a king who had a wife with golden hair, and she was so beautiful that there was not another like her on earth.

1.2 Es geschah, daß sie krank lag, und als sie fühlte, daß sie bald sterben würde, rief sie den König und sprach:

It happened that she lay ill, and when she felt that she would soon die, she called the King and said,

1.3 »Wenn du nach meinem Tode dich wieder vermählen wirst, so nimm keine, die nicht ebenso schön ist, als ich bin, und die nicht solche goldene Haare hat, wie ich habe;

"If after my death you will marry again, do not take anyone who is not as beautiful as I am, and who has not such golden hair as I have;

1.4 das mußt du mir versprechen.«

you must promise me that."

Nachdem es ihr der König versprochen hatte, 1.5

After the king had promised her,

that sie die Augen zu und starb. 1.6

she closed her eyes and died.

Der König war lange Zeit nicht zu trösten und dachte 2.1
nicht daran, eine zweite Frau zu nehmen.

The king could not be consoled for a long time and did not
think of taking a second wife.

Endlich sprachen seine Räte: 2.2

At last his counselors said,

»Es geht nicht anders, der König muß sich wieder 2.3
vermählen, damit wir eine Königin haben.«

"There is no other way, the king must marry again so that
we may have a queen."

Nun wurden Boten weit und breit umhergeschickt, 2.4
eine Braut zu suchen, die an Schönheit der
verstorbenen Königin ganz gleich käme.

Now messengers were sent far and wide in search of a bride
who would be as beautiful as the deceased queen.

Es war aber keine in der ganzen Welt zu finden, und 2.5
wenn man sie auch gefunden hatte, so war doch keine
da, die solche goldene Haare gehabt hätte.

But there was none to be found in the whole world, and
even if she had been found, there was none with such
golden hair.

Also kamen die Boten unverrichteter Sache wieder 2.6
heim.

So the messengers returned home without having achieved
anything.

3.1 Nun hatte der König eine Tochter, die war gerade so schön wie ihre verstorbene Mutter, und hatte auch solche goldene Haare.

Now the king had a daughter who was just as beautiful as her deceased mother, and also had such golden hair.

3.2 Als sie herangewachsen war, sah sie der König einmal an und sah, daß sie in allem seiner verstorbenen Gemahlin ähnlich war und fühlte plötzlich eine heftige Liebe zu ihr.

When she had grown up, the king looked at her once and saw that she resembled his deceased wife in everything and suddenly felt an intense love for her.

3.3 Da sprach er zu seinen Räten:

So he said to his counselors,

3.4 »Ich will meine Tochter heiraten, denn sie ist das Ebenbild meiner verstorbenen Frau, und sonst kann ich doch keine Braut finden, die ihr gleicht.«

"I will marry my daughter, for she is the image of my late wife, and otherwise I cannot find a bride like her."

3.5 Als die Räte das hörten, erschraken sie und sprachen:

When the councillors heard this, they were frightened and said:

3.6 »Gott hat verboten, daß der Vater seine Tochter heirate, aus der Sünde kann nichts Gutes entspringen und das Reich wird mit ins Verderben gezogen.«

"God has forbidden the father to marry his daughter, nothing good can come from sin and the kingdom will be dragged down with him."

Die Tochter erschrak noch mehr, als sie den Entschluß ihres Vaters vernahm, hoffte aber ihn von seinem Vorhaben noch abzubringen. 3.7

The daughter was even more frightened when she heard her father's decision, but hoped to dissuade him from his plan.

Da sagte sie zu ihm: 3.8

So she said to him,

»Ehe ich Euren Wunsch erfülle, muß ich erst drei Kleider haben, eins so golden wie die Sonne, eins so silbern wie der Mond, und eins so glänzend wie die Sterne; 3.9

"Before I fulfill your wish, I must first have three garments, one as golden as the sun, one as silver as the moon, and one as shining as the stars;

ferner verlange ich einen Mantel von tausenderlei Pelz und Rauhwerk zusammengesetzt, und ein jedes Tier in Eurem Reich muß ein Stück von seiner Haut dazu geben.« 3.10

furthermore, I demand a cloak made of a thousand different kinds of fur and suede, and every animal in your kingdom must give a piece of its skin."

Sie dachte aber: »Das anzuschaffen ist ganz unmöglich, 3.11

But she thought, "It is quite impossible to procure that,

und ich bringe damit meinen Vater von seinen bösen Gedanken ab.« 3.12

and I will thus turn my father from his evil thoughts."

3.13 Der König ließ aber nicht ab, und die geschicktesten Jungfrauen in seinem Reiche mußten die drei Kleider weben, eins so golden wie die Sonne, eins so silbern wie der Mond, und eins so glänzend wie die Sterne;

But the King did not desist, and the most skillful maidens in his kingdom had to weave the three garments, one as golden as the sun, one as silver as the moon, and one as brilliant as the stars;

3.14 und seine Jäger mußten alle Tiere im ganzen Reiche auffangen und ihnen ein Stück von ihrer Haut abziehen;

and his huntsmen had to catch all the animals in the whole kingdom and take from them a piece of their skin;

3.15 daraus ward ein Mantel von tausenderlei Rauhwerk gemacht.

from this a cloak of a thousand kinds of rough work was made.

3.16 Endlich, als alles fertig war, ließ der König den Mantel herbeiholen, breitete ihn vor ihr aus und sprach,

At last, when all was ready, the King sent for the mantle, spread it out before her, and said,

3.17 »Morgen soll die Hochzeit sein.«

"Tomorrow shall be the wedding."

4.1 Als nun die Königstochter sah, daß keine Hoffnung mehr war, ihres Vaters Herz umzuwenden, so faßte sie den Entschluß zu entfliehen.

When the king's daughter saw that there was no hope of turning her father's heart, she made up her mind to escape.

In der Nacht, während alles schlief, stand sie auf
und nahm von ihren Kostbarkeiten dreierlei, einen
goldenen Ring, ein goldenes Spinnrädchen und ein
goldenes Haspelchen;

4.2

In the night, while all was asleep, she rose and took three of
her treasures, a golden ring, a golden spinning-wheel, and a
golden reel;

die drei Kleider von Sonne, Mond und Sternen that
sie in eine Nußschale, zog den Mantel von allerlei
Rauhwerk an und machte sich Gesicht und Hände
mit Ruß schwarz.

4.3

the three garments of sun, moon, and stars she put into a
nut-shell, put on the mantle of all sorts of rough work, and
made her face and hands black with soot.

Dann befahl sie sich Gott und ging fort, und ging die
ganze Nacht, bis sie in einen großen Wald kam.

4.4

Then she commanded herself to God, and went away, and
walked all night until she came to a great forest.

Und weil sie müde war,

4.5

And because she was tired,

setzte sie sich in einen hohlen Baum und schlief ein.

4.6

she sat down in a hollow tree and fell asleep.

Die Sonne ging auf und sie schlief fort und schlief
noch immer,

5.1

The sun rose and she slept away,

als es schon hoher Tag war.

5.2

and still slept when it was already high day.

5.3 Da trug es sich zu, daß der König, dem dieser Wald gehörte, darin jagte.
The it happened that the King, who owned this forest, was hunting in it.

5.4 Als seine Hunde zu dem Baum kamen, schnupperten sie, liefen ringsherum und bellten.
When his dogs came to the tree, they sniffed, ran all round it, and barked.

5.5 Sprach der König zu den Jägern,
The king said to the hunters,

5.6 »Seht doch, was dort für ein Wild sich versteckt hat.«
"Look what game is hiding there."

5.7 Die Jäger folgten dem Befehl, und als sie wieder kamen, sprachen sie,
The hunters obeyed the command, and when they came back, they said,

5.8 »In dem hohlen Baum liegt ein wunderliches Tier,
"In the hollow tree lies a strange beast,

5.9 wie wir noch niemals eins gesehen haben:
such as we have never seen before:

5.10 an seiner Haut ist tausenderlei Pelz; es liegt aber und schläft.«
on its skin is a thousand kinds of fur, but it lies and sleeps."

5.11 Sprach der König:
Said the king,

»Seht zu, ob ihr's lebendig fangen könnt, dann bindet's auf den Wagen und nehmt's mit.«

5.12

"See if you can catch it alive, then tie it to the cart and take it with you."

Als die Jäger das Mädchen anfaßten, erwachte es voll Schrecken und rief ihnen zu:

5.13

When the huntsmen touched the girl, she awoke in terror and cried out to them,

»Ich bin ein armes Kind, von Vater und Mutter verlassen, erbarmt euch mein und nehmt mich mit.«

5.14

"I am a poor child, abandoned by my father and mother, have mercy on me and take me with you."

Da sprachen sie:

5.15

Then they said,

»Allerleirauh, du bist gut für die Küche, komm nur mit, da kannst du die Asche zusammenkehren.«

5.16

"Allerleirauh , you are good for the kitchen, just come with me and you can sweep up the ashes."

Also setzten sie es auf den Wagen und fuhren heim in das königliche Schloß.

5.17

So they put it on the cart and drove home to the royal palace.

Dort wiesen sie ihm ein Ställchen an unter der Treppe, wo kein Tageslicht hinkam und sagten,

5.18

There they gave him a little stable under the stairs, where there was no daylight, and said,

»Rauhtierchen, da kannst du wohnen und schlafen.«

5.19

"Rough beast, you can live and sleep there."

5.20 Dann ward es in die Küche geschickt, da trug es Holz und Wasser, schürte das Feuer, rupfte das Federvieh, belas das Gemüse, kehrte die Asche und that alle schlechte Arbeit.

Then he was sent to the kitchen, where he carried wood and water, stoked the fire, plucked the poultry, loaded the vegetables, swept the ashes and did all the bad work.

6.1 Da lebte Allerleirauh lange Zeit recht armselig.

Then Allerleirauh lived in poverty for a long time.

6.2 Ach, du schöne Königstochter, wie soll's mit dir noch werden!

Oh, you beautiful daughter of the king, what is to become of you!

6.3 Es geschah aber einmal, daß ein Fest im Schloß gefeiert ward, da sprach sie zum Koch,

But once it happened that a feast was being celebrated in the castle, and she said to the cook,

6.4 »Darf ich ein wenig hinaufgehen und zusehen?

"May I go up and watch for a while?

6.5 Ich will mich außen vor die Thür stellen.« Antwortete der Koch:

I will stand outside the door." The cook replied,

6.6 »Ja, geh nur hin, aber in einer halben Stunde mußt du wieder hier sein und die Asche zusammentragen.«

"Yes, go ahead, but you must be back here in half an hour to collect the ashes."

Da nahm sie ihr Öllämpchen, ging in ihr Ställchen, zog den Pelzrock aus und wusch sich den Ruß von dem Gesicht und den Händen ab, sodaß ihre volle Schönheit wieder an den Tag kam.   6.7

Then she took her little oil-lamp, went into her little room, took off her fur skirt, and washed the soot from her face and hands, so that her full beauty was again revealed.

Dann machte sie die Nuß auf und holte ihr Kleid hervor,   6.8

Then she opened the nut and took out her dress,

das wie die Sonne glänzte.   6.9

which shone like the sun.

Und wie das geschehen war, ging sie hinauf zum Fest, und alle traten ihr aus dem Weg, denn niemand kannte sie, und meinten nicht anders, als daß es eine Königstochter wäre.   6.10

And when this was done, she went up to the feast, and all stepped out of her way, for no one knew her, and did not think otherwise than that she was a King's daughter.

Der König aber kam ihr entgegen, reichte ihr die Hand und tanzte mit ihr, und dachte in seinem Herzen,   6.11

But the King came to meet her, gave her his hand, and danced with her, and thought in his heart,

»So schön haben meine Augen noch keine gesehen.«   6.12

"My eyes have never seen any one so beautiful."

Als der Tanz zu Ende war, verneigte sie sich, und wie sich der König umsah, war sie verschwunden, und niemand wußte wohin.   6.13

When the dance was over, she bowed, and as the king looked around, she had disappeared, and no one knew where.

6.14 Die Wächter, die vor dem Schlosse standen, wurden gerufen und ausgefragt, aber niemand hatte sie erblickt.

The guards standing outside the castle were called and questioned, but no one had seen her.

7.1 Sie war aber in ihr Ställchen gelaufen, hatte geschwind ihr Kleid ausgezogen, Gesicht und Hände schwarz gemacht und den Pelzmantel umgethan, und war wieder Allerleirauh.

But she had run into her little stable, had quickly taken off her dress, made her face and hands black, and put on her fur coat, and was once more all-around.

7.2 Als sie nun in die Küche kam und an ihre Arbeit gehen und die Asche zusammenkehren wollte, sprach der Koch:

When she came into the kitchen and wanted to go to work and sweep up the ashes, the cook said,

7.3 »Laß das gut sein bis morgen und koche mir da die Suppe für den König, ich will auch einmal ein bißchen oben zugucken: aber laß mir kein Haar hineinfallen, sonst kriegst du in Zukunft nichts mehr zu essen.«

"Leave that until tomorrow and cook the soup for the king, and I will watch a little while upstairs, but don't let a hair of my head fall in, or you won't get anything to eat in future."

Da ging der Koch fort und Allerleirauh kochte die   7.4
Suppe für den König, und kochte eine Brotsuppe, so
gut es konnte, und wie sie fertig war, holte es in dem
Ställchen seinen goldenen Ring und legte ihn in die
Schüssel, in welche die Suppe angerichtet ward.

Then the cook went away, and Allerleirauh cooked the soup
for the King, and made a soup of bread as well as she could,
and when it was ready, she fetched her golden ring from
the stable, and put it into the bowl in which the soup was
served.

Als der Tanz zu Ende war, ließ sich der König die   7.5
Suppe bringen und aß sie, und sie schmeckte ihm
so gut, daß er meinte, niemals eine bessere Suppe
gegessen zu haben.

When the dance was over, the King had the soup brought to
him and ate it, and it tasted so good that he thought he had
never eaten a better soup.

Wie er aber auf den Grund kam, sah er da einen   7.6
goldenen Ring liegen und konnte nicht begreifen,
wie er dahin geraten war.

But when he came to the bottom, he saw a golden ring lying
there and could not understand how it had got there.

Da befahl er, der Koch sollte vor ihn kommen.   7.7

So he ordered the cook to come before him.

Der Koch erschrak, wie er den Befehl hörte, und   7.8
sprach zu Allerleirauh,

The cook was frightened when he heard the order, and said
to Allerleirauh,

»Gewiß hast du ein Haar in die Suppe fallen lassen;   7.9

"Surely you have dropped a hair into the soup;

wenn's wahr ist, so kriegst du Schläge.«   7.10

if it is true, you will be beaten."

84

7.11 Als er vor den König kam, fragte dieser, wer die Suppe gekocht hätte?

When he came before the king, he asked who had cooked the soup?

7.12 Antwortete der Koch: »Ich habe sie gekocht.«

The cook replied, "I cooked it."

7.13 Der König aber sprach: »Das ist nicht wahr,

But the king said, "That is not true,

7.14 denn sie war auf andere Art und viel besser gekocht als sonst.«

for it was cooked in a different way and much better than usual."

7.15 Antwortete er:

He replied,

7.16 »Ich muß es gestehen, daß ich sie nicht gekocht habe, sondern das Rauhtierchen.«

"I must confess that I did not cook it, but the roughy."

7.17 Sprach der König: »Geh und laß es heraufkommen.«

Said the king, "Go and let it come up."

8.1 Als Allerleirauh kam, fragte der König: »Wer bist du?«

When Allerleirauh arrived, the king asked: "Who are you?"

8.2 »Ich bin ein armes Kind, das keinen Vater und Mutter mehr hat.«

"I am a poor child who no longer has a father and mother."

8.3 Fragte er weiter: »Wozu bist du in meinem Schloß?«

He asked further: "What are you in my castle for?"

Antwortete es: 8.4

He replied,

»Ich bin zu nichts gut, als daß mir die Stiefeln um den   8.5
Kopf geworfen werden.«

"I am good for nothing but to have my boots thrown
around my head."

Fragte er weiter: 8.6

He asked again,

»Wo hast du den Ring her, der in der Suppe war?«   8.7
Antwortete es,

"Where did you get the ring that was in the soup?" He
replied,

»Von dem Ring weiß ich nichts.«   8.8

"I know nothing about the ring."

Also konnte der König nichts erfahren und mußte es   8.9
wieder fortschicken.

So the king could find out nothing and had to send him
away again.

Über eine Zeit war wieder ein Fest, da bat   9.1
Allerleirauh den Koch wie vorigesmal um Erlaubnis
zusehen zu dürfen.

After a while there was another feast, and Allerleirauh
asked the cook for permission to watch, as she had done
before.

Antwortete er: 9.2

He replied,

9.3 »Ja, aber komm in einer halben Stunde wieder und koch dem König die Brotsuppe, die er so gern ißt.«

"Yes, but come back in half an hour and cook the king the bread soup he loves so much."

9.4 Da lief es in sein Ställchen, wusch sich geschwind und nahm aus der Nuß das Kleid, das so silbern war wie der Mond, und that es an.

Then she ran into her little stable, washed herself quickly, and took from the nut the dress that was as silver as the moon, and put it on.

9.5 Da ging sie hinauf und glich einer Königstochter, und der König trat ihr entgegen und freute sich, daß er sie wiedersah, und weil eben der Tanz anhob, so tanzten sie zusammen.

Then she went up and looked like a King's daughter, and the King met her and was glad to see her again, and as the dance was just beginning, they danced together.

9.6 Als aber der Tanz zu Ende war, verschwand sie wieder so schnell, daß der König nicht bemerken konnte, wo sie hinging.

But when the dance was over, she disappeared again so quickly that the King could not see where she had gone.

9.7 Sie sprang aber in ihr Ställchen und machte sich wieder zum Rauhtierchen, und ging in die Küche, die Brotsuppe zu kochen.

But she jumped into her little stall and made herself into a little roughy again, and went into the kitchen to cook the bread soup.

Als der Koch oben war, holte es das goldene Spinnrad   9.8
und that es in die Schüssel, sodaß die Suppe darüber
angerichtet wurde.

When the cook was upstairs, she fetched the golden
spinning-wheel and put it into the bowl, so that the soup
was spread over it.

Danach ward sie dem König gebracht, der aß sie und   9.9
sie schmeckte ihm so gut wie das vorige Mal, und
ließ den Koch kommen, der mußte auch diesmal
gestehen, daß Allerleirauh die Suppe gekocht hätte.

Then it was brought to the King, who ate it, and it tasted
as good to him as it had done before, and sent for the cook,
who this time also had to confess that Allerleirauh had
cooked the soup.

Allerleirauh kam da wieder vor den König, aber sie   9.10
antwortete, daß sie nur dazu da wäre, daß ihr die
Stiefeln an den Kopf geworfen würden, und daß sie
von dem goldenen Spinnrädchen gar nichts wüßte.

Allerleirauh came before the King again, but she answered
that she was only there to have her boots thrown at her
head, and that she knew nothing at all about the golden
spinning-wheel.

Als der König zum drittenmal ein Fest anstellte,   10.1

When the king prepared a feast for the third time,

da ging es nicht anders als die vorigen Male.   10.2

it was no different from the previous times.

Der Koch sprach zwar: 10.3

The cook said:

10.4 »Du bist eine Hexe, Rauhtierchen, und thust immer etwas in die Suppe, davon sie so gut wird, und dem König besser schmeckt, als was ich koche.«

"You are a witch, Rauhtierchen, and always put something into the soup, so that it will be so good, and taste better to the King, than what I cook."

10.5 doch weil es so bat,

But because she asked so,

10.6 so ließ er es auf die bestimmte Zeit hingehen.

he let her go at the appointed time.

10.7 Nun zog es ein Kleid an, das wie die Sterne glänzte, und trat damit in den Saal.

Then she put on a dress that shone like the stars, and entered the hall with it.

10.8 Der König tanzte wieder mit der schönen Jungfrau und meinte,

The King danced again with the beautiful maiden,

10.9 daß sie noch niemals so schön gewesen wäre.

and said that she had never been so beautiful.

10.10 Und während er tanzte, steckte er ihr, ohne daß sie es merkte, einen goldenen Ring an den Finger, und hatte befohlen, daß der Tanz recht lange währen sollte.

And while he was dancing, he put a golden ring on her finger without her realizing it, and ordered that the dance should last a long time.

Wie er zu Ende war, wollte er sie an den Händen festhalten, aber sie riß sich los und sprang so geschwind unter die Leute, daß sie vor seinen Augen verschwand.

When it was over, he wanted to hold her by the hands, but she tore herself away and jumped among the people so quickly that she disappeared before his eyes.

Sie lief, was sie konnte, in ihr Ställchen unter der Treppe, weil sie aber zu lange und über eine halbe Stunde geblieben war, so konnte sie das schöne Kleid nicht ausziehen, sondern warf nur den Mantel von Pelz darüber, und in der Eile machte sie sich auch nicht ganz rußig, sondern ein Finger blieb weiß.

She ran as fast as she could to her little stall under the stairs, but as she had stayed too long, and for more than half an hour, she could not take off her beautiful dress, but only threw her coat of fur over it, and in her haste she did not make herself quite sooty, but one finger remained white.

Allerleirauh lief nun in die Küche, kochte dem König die Brotsuppe und legte, wie der Koch fort war, den goldenen Haspel hinein.

So Allerleirauh ran into the kitchen, cooked the king's bread soup, and when the cook had gone, put the golden reel into it.

Der König, als er den Haspel auf dem Grunde fand, ließ Allerleirauh rufen: da erblickte er den weißen Finger und sah den Ring, den er beim Tanze ihr angesteckt hatte.

When the king found the reel at the bottom, he sent for Allerleirauh and saw the white finger and the ring he had put on her finger at the dance.

10.15 Da ergriff er sie an der Hand und hielt sie fest, und als sie sich losmachen und fortspringen wollte, that sich der Pelzmantel ein wenig auf und das Sternenkleid schimmerte hervor.

Then he seized her by the hand and held her fast, and as she was about to get loose and jump away, the fur coat opened a little and the starry dress shone out.

10.16 Der König faßte den Mantel und riß ihn ab.

The king seized the cloak and tore it off.

10.17 Da kamen die goldenen Haare hervor und sie stand da in voller Pracht und konnte sich nicht länger verbergen.

Then the golden hair came out and she stood there in all her splendor and could hide herself no longer.

10.18 Und als sie Ruß und Asche aus ihrem Gesicht gewischt hatte,

And when she had wiped the soot and ashes from her face,

10.19 da war sie schöner als man noch jemand auf Erden gesehen hat.

she was more beautiful than anyone had ever seen on earth.

10.20 Der König aber sprach: »Du bist meine liebe Braut,

And the king said, "You are my dear bride,

10.21 und wir scheiden nimmermehr voneinander.«

and we shall never part from each other."

10.22 Darauf ward die Hochzeit gefeiert,

Then the wedding was celebrated,

10.23 und sie lebten vergnügt bis an ihren Tod.

and they lived happily ever after.

Häsichenbraut

Haesichenbraut

1.1 **Et was ene Frou mit ener Toachter in änen schöhnen Goarten mit Koal;**

There was a woman with her daughter in a beautiful garden with koal;

1.2 **dahin kam än Häsichen und froaß zo Wenterszit allen Koal.**

there came a dog and froze all the koal.

1.3 **Da seit de Frou zur Toachter:**

Then the woman said to her daughter:

1.4 **»Gäh in den Goarten und jags Häsichen.«**

"Go into the garden and say hello."

1.5 **Seits Mäken zum Häsichen: »Schu! schu! du Häsichen,**

Seits Mäken to the Häsichen: "Shoo! shoo! you Häsichen,

1.6 **frißt noch allen Koal.« Seits Häsichen:**

eat all the koal." Seits Häsichen:

»Kumm, Mäken, und sett dich uf min   1.7
Haosenschwänzeken und kumm mit in min
Haosenhüttchen.«

"Come on, Mäken, and sit on my trouser tails and come
with me to my little trouser hut."

Mäken well nech.   1.8

Mäken well no.

Am annern Tog kummts Häsichen weder und frißt   1.9
den Koal, do seit de Frou zur Toachter:

On the next day, the little dog doesn't come and eats the
koal, so the mother says to the daughter:

»Gäh in den Goarten, und jags Häsichen.«   1.10

"Go into the garden and eat the little dog."

Seits Mäken zum Häsichen: »Schu! schu! du   1.11
Häsichen,

Seits Mäken to the Häsichen: "Shoo! shoo! you Häsichen,

frißt noch allen Koal.« Seits Häsichen: 1.12

eat all the koal." Seits Häsichen:

»Kumm, Mäken, sett dich uf min   1.13
Haosenschwänzeken und kumm mit mer in min
Haosenhüttchen.«

"Come on, Mäken, sit down on my trouser tails and come
with me to my little trouser hut."

Mäken well nech.   1.14

Mäken well no.

Am dretten Tog kummts Häsichen weder und frißt   1.15
den Koal.

On the third day, the little pig comes back and eats the koal.

1.16 **Do seit de Frou zur Toachter:**
Then the mother says to the daughter:

1.17 **»Gäh in den Goarten und jags Häsichen.« Seits Mäken: »Schu!**
"Go into the garden and eat the pig." Seits Mäken: "Shoo!

1.18 **schu! du Häsichen, frißt noch allen Koal.« Seits Häsichen:**
shoo! you little goat, eat all the koal." Seits Häsichen:

1.19 **»Kumm, Mäken, sett dich uf min Haosenschwänzeken und kumm mit mer in min Haosenhüttchen.«**
"Come on, Mäken, sit down on my trouser tails and come with me to my little trouser hut."

1.20 **Mäken sätzt sich uf den Haosenschwänzeken,**
Mäken sits down on the tail of his trousers,

1.21 **do brachts Häsichen weit raus in sin Hüttchen und seit:**
then Häsichen goes far out into his little hut and says:

1.22 **»Nu koach Grinkoal und Hersche (Hirse),**
"Nu koach Grinkoal und Hersche (millet),

1.23 **ick well de Hochtidlüd beten.«**
ick well de Hochtidlüd beten."

1.24 **Do kamen alle Hochtidlüd zusamm.**
Then all the Hochtidlüd came together.

1.25 **(Wer waren denn die Hochzeitsleute? Das kann ich dir sagen,**
(Who were the wedding guests? I can tell you that,

wie mir's ein anderer erzählt hat: 1.26
as someone else told me:

das waren alle, Hasen, und die Krähe war als Pfarrer   1.27
dabei, die Brautleute zu trauen, und der Fuchs als
Küster, und der Altar war unterm Regenbogen.)
they were all rabbits, and the crow was there as the priest
to marry the bride and groom, and the fox was the sexton,
and the altar was under the rainbow.)

Mäken aber was trurig, da se so alleene was.   2.1
But they were sad because they were so alone.

Kummts Häsichen und seit: 2.2
The little girl comes and says:

»Thu uf, thu uf, de Hochtidlüd senn fresch (frisch,   2.3
lustig).«
"Up, up, up, de Hochtidlüd senn fresch (fresh, funny)."

De Braut seit nischt und wint. Häsichen gäht fort,   2.4
The bride says nothing and winks. Häsichen goes away,

Häsichen kummt weder und seit: 2.5
Häsichen comes back and says:

»Thu uf, thu uf, de Hochtidlüd seen hongrig.«   2.6
"Thu uf, thu uf, de Hochtidlüd see hongrig."

De Braut seit weder nischt und wint. Häsichen gäht   2.7
fort,
The bride says nothing and winks. Häsichen goes away,

Häsichen kummt und seit: 2.8
Häsichen comes back and says:

2.9 »Thu uf, thu uf, die Hochtidlüd waorten.«

"Get up, get up, the wedding guests are waiting."

2.10 Do seit de Braut nischt und Häsichen gäht fort, aober se, macht ene Puppen von Stroah mit eren Kleedern, und giebt er eenen Röhrleppel, und set se an den Kessel met Hersche, und gäht zor Motter.

Then the bride doesn't come back, and Häsichen goes away, but she makes a doll of straw with her clothes, and gives it a tube, and puts it on the kettle with the stove, and goes to the moth.

2.11 Häsichen kummt noch ämal und seit: »Thu uf, thu uf.«

He comes again and says: "Open up, open up."

2.12 und macht uf und smet de Puppe an Kopp, daß er die Hube abfällt.

and opens up and smacks the doll on the head so that it falls off.

3.1 Do set Häsichen, daß sine Braut nech es und gäht fort und es trurig.

Then Häsichen sets his bride down and goes away and is sad.

Die zwölf Jäger

The Twelve Hunters

1.1 **Es war einmal ein Königssohn, der hatte eine Braut und hatte sie sehr lieb.**
Once upon a time there was a king's son who had a bride and was very fond of her.

1.2 **Als er nun bei ihr saß und ganz vergnügt war, da kam die Nachricht, daß sein Vater todkrank läge und ihn noch vor seinem Ende zu sehen verlangte.**
As he sat with her and was quite happy, news came that his father was dying and wanted to see him before he died.

1.3 **Da sprach er zu seiner Liebsten,**
Then he said to his beloved,

1.4 **»Ich muß nun fort und muß dich verlassen,**
"I must now go away and leave you,

1.5 **da geb ich dir einen Ring zu meinem Andenken.**
so I will give you a ring in my memory.

1.6 **Wenn ich König bin, komm ich wieder und hol dich heim.«**
When I am king, I will come again and fetch you home."

Da ritt er fort, und als er bei seinem Vater anlangte, war dieser sterbenskrank und dem Tode nahe.   1.7

So he rode away, and when he reached his father, he was mortally ill and near death.

Er sprach zu ihm: 1.8

He said to him,

»Liebster Sohn, ich habe dich vor meinem Ende noch einmal sehen wollen, versprich mir nach meinem Willen dich zu verheiraten.«   1.9

"Dearest son, I wished to see you once more before my end, promise to marry you according to my will."

und nannte ihm eine gewisse Königstochter, die sollte seine Gemahlin werden.   1.10

and named a certain king's daughter to be his wife.

Der Sohn war so betrübt, daß er sich gar nicht bedachte, sondern sprach: 1.11

The son was so grieved that he did not think of it at all, but said,

»Ja, lieber Vater, was Euer Wille ist, soll geschehen.«   1.12

"Yes, dear father, whatever is your will shall be done."

und darauf schloß der König die Augen und starb.   1.13

and thereupon the king closed his eyes and died.

2.1 **Als nun der Sohn zum König ausgerufen und die Trauerzeit verflossen war, mußte er das Versprechen halten, das er seinem Vater gegeben hatte, und ließ um die Königstochter werben, und sie ward ihm auch zugesagt.**

Now when the son was proclaimed king and the time of mourning had passed, he had to keep the promise he had made to his father and had the king's daughter wooed, and she was promised to him.

2.2 **Das hörte seine erste Braut und grämte sich über die Untreue so sehr,**

His first bride heard this,

2.3 **daß sie fast verging.**

and was so grieved at his unfaithfulness that she almost perished.

2.4 **Da sprach ihr Vater zu ihr: »Liebstes Kind,**

Then her father said to her, "Dearest child,

2.5 **warum bist du so traurig? Was du dir wünschest,**

why are you so sad? What you wish for,

2.6 **das sollst du haben.«**

you shall have."

2.7 **Sie bedachte sich einen Augenblick, dann sprach sie:**

She thought for a moment, then said,

2.8 **»Lieber Vater, ich wünsche mir elf Mädchen, von Angesicht, Gestalt und Wuchs mir völlig gleich.«**

"Dear father, I wish for eleven girls, completely like me in face, shape and stature."

2.9 **Sprach der König: »Wenn's möglich ist,**

The king said, "If it is possible,

soll dein Wunsch erfüllt werden.« 2.10

your wish shall be granted."

und ließ in seinem ganzen Reiche so lange suchen, bis 2.11
elf Jungfrauen gefunden waren, seiner Tochter von
Angesicht, Gestalt und Wuchs völlig gleich.

and had a search carried out throughout his kingdom until
eleven virgins were found who were completely like his
daughter in face, shape and stature.

Als sie zu der Königstochter kamen, ließ diese zwölf 3.1
Jägerkleider machen, eins wie das andere, und die elf
Jungfrauen mußten die Jägerkleider anziehen, und
sie selber zog das zwölfte an.

When they came to the king's daughter, she had twelve
huntsmen's dresses made, one like the other, and the
eleven maidens had to put on the huntsmen's dresses, and
she herself put on the twelfth.

Darauf nahm sie Abschied von ihrem Vater und ritt 3.2
mit ihnen fort und ritt an den Hof ihres ehemaligen
Bräutigams, den sie so sehr liebte.

Then she took leave of her father, and rode away with them
to the court of her former bridegroom, whom she loved so
much.

Da fragte sie an, ob er Jäger brauchte und ob er 3.3
sie nicht alle zusammen in seinen Dienst nehmen,
wollte.

There she asked if he needed hunters and if he would not
take them all together into his service.

3.4 Der König sah sie an und erkannte sie nicht: weil es aber so schöne Leute waren, sprach er ja, er wollte sie gern nehmen;

The king looked at them and did not recognize them, but because they were such beautiful people, he said yes, he would gladly take them;

3.5 und da waren sie die zwölf Jäger des Königs.

and there they were the king's twelve huntsmen.

4.1 Der König aber hatte einen Löwen, das war ein wunderliches Tier, denn er wußte alles Verborgene und Heimliche.

But the king had a lion, which was a strange beast, for he knew everything that was hidden and secret.

4.2 Es trug sich zu, daß er eines Abends zum König sprach:

It so happened that one evening he said to the king:

4.3 »Du, meinst, du hättest da zwölf Jäger?«

"Do you think you have twelve hunters?"

4.4 »Ja.« sagte der König, »zwölf Jäger sind's.«

"Yes." said the king, "there are twelve hunters."

4.5 Sprach der Löwe weiter: »Du irrst dich,

The lion continued: "You are mistaken,

4.6 das sind zwölf Mädchen.« Antwortete der König,

there are twelve girls." The king replied,

4.7 »Das ist nimmermehr wahr, wie willst du mir das beweisen?«

"That is never true, how will you prove it to me?"

»O, laß nur Erbsen in dein Vorzimmer streuen.«   4.8
"Oh, just scatter some peas in your antechamber."

antwortete der Löwe, »da wirst du's gleich sehen.   4.9
replied the lion, "you'll see in a moment.

Männer haben einen festen Tritt, wenn die über   4.10
Erbsen hingehen, regt sich keine, aber Mädchen, die
trippeln und trappeln und schlurfen, und die Erbsen
rollen.«
Men have a firm step, and when they walk over peas, they
don't move, but girls, they patter and patter and shuffle,
and the peas roll."

Dem König gefiel der Rat wohl, und er ließ die Erbsen   4.11
streuen.
The king liked the advice and had the peas scattered.

Es war aber ein Diener des Königs, der war den   5.1
Jägern gut, und wie er hörte, daß sie sollten auf die
Probe gestellt werden, ging er hin und erzählte ihnen
alles wieder und sprach:
Now there was a servant of the king who was good to the
huntsmen, and when he heard that they were to be put to
the test, he went and told them everything again, and said,

»Der Löwe will dem König weismachen, ihr wäret   5.2
Mädchen.«
"The lion wants to make the king believe that you are
maidens."

Da dankte ihm die Königstochter und sprach   5.3
hernach zu ihren Jungfrauen:
Then the king's daughter thanked him, and afterward said
to her maidens,

5.4 »Thut euch Gewalt an und tretet fest auf die Erbsen.«
"Do yourselves violence, and tread firmly on the peas."

5.5 Als nun der König am anderen Morgen die zwölf
Jäger zu sich rufen ließ, und sie ins Vorzimmer
kamen, wo die Erbsen lagen, so traten sie so fest
darauf und hatten einen so sicheren starken Gang,
daß auch nicht eine rollte oder sich bewegte.
So the next morning when the King sent for the twelve
huntsmen, and they came into the antechamber where the
peas lay, they trod on them so firmly, and had such a sure
and strong gait, that not one of them rolled or moved.

5.6 Da gingen sie wieder fort, und der König, sprach zum
Löwen,
Then they went away again, and the king said to the lion,

5.7 »Du hast mich belogen, sie gehen ja wie Männer.«
"You have lied to me, they walk like men."

5.8 Antwortete der Löwe:
The lion answered,

5.9 »Sie haben's gewußt, daß sie sollten auf die Probe
gestellt werden, und haben sich Gewalt angethan.
"They knew that they were to be put to the test, and did
violence to themselves.

5.10 Laßt nur einmal zwölf Spinnräder ins Vorzimmer
bringen, so werden sie herzukommen und werden
sich daran freuen, und das thut kein Mann.«
Only let twelve spinning-wheels be brought into the
antechamber, and they will come here and enjoy them,
and no man does that."

5.11 Dem König gefiel der Rat,
The King liked the advice,

und er ließ die Spinnräder ins Vorzimmer stellen.   5.12
and had the spinning-wheels placed in the antechamber.

Der Diener aber, der's redlich mit den Jägern meinte,   6.1
ging hin und entdeckte ihnen den Anschlag.
But the servant, who was honest with the hunters, went
and discovered the plot.

Da sprach die Königstochter, als sie allein waren, zu   6.2
ihren elf Mädchen:
Then the king's daughter, when they were alone, said to her
eleven maidens,

»Thut euch Gewalt an und blickt euch nicht um nach   6.3
den Spinnrädern.«
"Do yourselves violence, and do not look round for the
spinning- wheels."

Wie nun der König am anderen Morgen seine zwölf   6.4
Jäger rufen ließ, so kamen sie durch das Vorzimmer
und sahen die Spinnräder gar nicht an.
The next morning, when the king sent for his twelve
huntsmen, they came through the antechamber and did
not look at the spinning-wheels at all.

Da sprach der König wiederum zum Löwen: 6.5
Then the king said to the lion again,

»Du hast mich belogen, es sind Männer, denn sie   6.6
haben die Spinnräder nicht angesehen.«
"You have lied to me, they are men, for they have not
looked at the spinning wheels."

Der Löwe antwortete: 6.7
The lion answered,

6.8 »Sie haben's gewußt, daß sie sollten auf die Probe gestellt werden, und haben sich Gewalt angethan.«
"They knew that they were to be put to the test, and did violence to themselves."

6.9 Der König aber wollte dem Löwen nicht mehr glauben.
But the king would no longer believe the lion.

7.1 Die zwölf Jäger folgten dem König beständig zur Jagd,
The twelve huntsmen always followed the king to the hunt,

7.2 und er hatte sie je länger je lieber.
and the longer he had them the better.

7.3 Nun geschah es, daß, als sie einmal auf der Jagd waren, Nachricht kam, die Braut des Königs wäre im Anzug.
Now it happened that once when they were out hunting, news came that the king's bride was coming.

7.4 Wie die rechte Braut das hörte, that's ihr so weh, daß es ihr fast das Herz abstieß, und sie ohnmächtig auf die Erde fiel.
When the right bride heard this, it hurt her so much that it almost knocked her heart out, and she fell fainting to the ground.

7.5 Der König meinte, seinem lieben Jäger sei etwas begegnet, lief hinzu und wollte ihm helfen, und zog ihm den Handschuh aus.
The King thought that something had happened to his dear huntsman, and ran to help him, and took off his glove.

Da erblickte er den Ring, den er seiner ersten Braut
gegeben, und als er ihr in das Gesicht sah, erkannte er
sie.

7.6

Then he saw the ring which he had given to his first bride,
and when he looked into her face, he recognized her.

Da ward sein Herz so gerührt, daß er sie küßte, und
als sie die Augen ausschlug, sprach er,

7.7

His heart was so moved that he kissed her, and when she
opened her eyes, he said,

»Du bist mein und ich bin dein,

7.8

"You are mine and I am yours,

und kein Mensch auf der Welt kann das ändern.«

7.9

and no man in the world can change that."

Zu der anderen Braut aber schickte er einen Boten
und ließ sie bitten, in ihr Reich zurückzukehren,
denn er habe schon eine Gemahlin, und wer einen
alten Schlüssel wiedergefunden habe, brauche den
neuen nicht.

7.10

But he sent a messenger to the other bride and asked her to
return to her kingdom, for he already had a wife, and he
who had recovered an old key did not need the new one.

Darauf ward die Hochzeit gefeiert, und der Löwe kam
wieder in Gnade, weil er doch die Wahrheit gesagt
hatte.

7.11

The wedding was then celebrated and the lion returned to
grace because he had told the truth.

Sneewittchen

Snow White

1.1 **Es war einmal mitten im Winter und die Schneeflocken fielen wie Federn vom Himmel herab, da saß eine Königin an einem Fenster, das einen Rahmen von schwarzem Ebenholz, hatte und nähte.**

Once upon a time in the middle of winter and the snowflakes were falling from the sky like feathers, a queen was sitting at a window with a black ebony frame, sewing.

1.2 **Und wie sie so nähte und nach dem Schnee aufblickte,**

And as she was sewing and looking up at the snow,

1.3 **stach sie sich mit der Nadel in den Finger und es fielen drei Tropfen Blut in den Schnee.**

she pricked her finger with the needle and three drops of blood fell into the snow.

1.4 **Und weil das Rote im weißen Schnee so schön aussah,**

And because the red looked so beautiful in the white snow,

1.5 **dachte sie bei sich:**

she thought to herself:

»Hätt ich ein Kind so weiß wie Schnee,   1.6
"I wish I had a child as white as snow,

so rot wie Blut und so schwarz wie das Holz an dem   1.7
Rahmen.«
as red as blood and as black as the wood on the frame."

Bald darauf bekam sie ein Töchterlein, das   1.8
war so weiß wie Schnee, so rot wie Blut und so
schwarzhaarig wie Ebenholz, und ward darum das
Sneewittchen (Schneeweißchen) genannt.
Soon afterwards she had a little daughter who was as white
as snow, as red as blood and as black-haired as ebony, and
was therefore called Sneewittchen (Snow White).

Und wie das Kind geboren war, starb die Königin.   1.9
And as soon as the child was born, the queen died.

Über ein Jahr nahm sich der König eine andere   2.1
Gemahlin.
For over a year the king took another wife.

Es war eine schöne Frau, aber sie war stolz und   2.2
übermütig und konnte nicht leiden, daß sie an
Schönheit von jemand sollte übertroffen werden.
She was a beautiful woman, but she was proud and
overconfident and could not bear to be surpassed in beauty
by anyone.

Sie hatte einen wunderbaren Spiegel, wenn sie vor   2.3
den trat und sich darin beschaute, sprach sie:
She had a marvelous mirror, and when she stood before it
and looked at herself in it, she said:

»Spieglein, Spieglein an der   "Mirror, mirror on the
Wand,   wall,

110

wer ist die Schönste im ganzen Land?«

Who is the fairest of them all?"

4.1 so antwortete der Spiegel:

was Spiegel's answer:

5.1 »Frau Königin, Ihr seid die Schönste im Land.«

"Madam Queen, you are the fairest in the land."

6.1 Da war sie zufrieden, denn sie wußte, daß der Spiegel, die Wahrheit sagte.

Then she was satisfied, because she knew that the mirror was telling the truth.

7.1 Sneewittchen aber wuchs heran und wurde immer schöner, und als es sieben Jahre alt war, war es so schön wie der klare Tag und schöner als die Königin selbst.

But Sneewittchen grew up and became more and more beautiful, and when she was seven years old, she was as beautiful as the clear day and more beautiful than the queen herself.

7.2 Als, diese einmal ihren Spiegel fragte:

When she once asked her mirror:

»Spieglein, Spieglein an der Wand,

"Mirror, mirror on the wall,

wer ist die Schönste im ganzen Land?«

Who is the fairest of them all?"

9.1 so antwortete er:

he replied:

»Frau Königin, Ihr seid die Schönste hier,

"Madam Queen, you are the most beautiful one here,

aber Sneewittchen ist tausendmal schöner als Ihr.«

but Sneewittchen is a thousand times more beautiful than you."

Da erschrak die Königin und ward gelb und grün vor Neid. 11.1

Then the queen was frightened and turned yellow and green with envy.

Von Stund an, wenn sie Sneewittchen erblickte, kehrte sich ihr das Herz im Leibe, herum, so haßte sie das Mädchen. 11.2

From that hour, when she saw Sneewittchen, her heart turned over in her body, and she hated the girl.

Und der Neid und Hochmut wuchsen wie ein Unkraut in ihrem Herzen immer höher, 11.3

And envy and arrogance grew higher and higher in her heart like a weed,

daß sie Tag und Nacht keine Ruhe mehr hatte. 11.4

so that she had no rest day or night.

Da rief sie einen Jäger und sprach, 11.5

Then she called a huntsman and said,

»Bring das Kind hinaus in den Wald, 11.6

"Take the child out into the forest,

ich will's nicht mehr vor meinen Augen sehen. 11.7

I don't want to see it before my eyes any more.

11.8 Du sollst es töten und mir Lunge und Leber zum Wahrzeichen, mitbringen.«

You shall kill it and bring me its lungs and liver as a symbol."

11.9 Der Jäger gehorchte und führte es hinaus, und als er den Hirschfänger gezogen hatte und Sneewittchens unschuldiges Herz durchbohren wollte, fing es an zu weinen und, sprach,

The huntsman obeyed and led her out, and when he had drawn the deerstalker and was about to pierce Sneewittchen's innocent heart, she began to weep and said,

11.10 »Ach, lieber Jäger, laß mir mein Leben;

"Oh, dear huntsman, let me have my life;

11.11 ich will in den wilden Wald laufen und nimmermehr wieder heimkommen.«

I will run into the wild forest and never come home again."

11.12 Und weil es so schön war,

And because she was so beautiful,

11.13 hatte der Jäger Mitleid und sprach: »So lauf hin,

the hunter took pity on her and said: "So run away,

11.14 du armes Kind.«

you poor child."

11.15 »Die wilden Tiere werden, dich bald gefressen haben.«

"The wild animals will soon have eaten you."

11.16 dachte er und doch war's ihm als wär ein Stein von seinem Herzen gewälzt,

he thought,

weil er es nicht zu töten brauchte. 11.17

and yet he felt as if a stone had been rolled from his heart
because he did not need to kill it.

Und als gerade ein junger Frischling 11.18
dahergesprungen kam, stach er ihn ab, nahm Lunge
und Leber heraus und brachte sie als Wahrzeichen
der Königin mit.

And just as a young rook came leaping along, he stabbed
it, took out its lungs and liver and brought them back as a
symbol of the queen.

Der Koch mußte sie in Salz kochen, und das boshafte 11.19
Weib aß sie auf und meinte, sie hätte Sneewittchens
Lunge und Leber gegessen.

The cook had to boil them in salt, and the wicked woman
ate them, thinking that she had eaten Sneewittchen's lungs
and liver.

Nun war das arme Kind in dem großen Walde 12.1
mutterseelenallein und ward, ihm so angst, daß es
alle Blätter an den Bäumen ansah und nicht wußte
wie es sich helfen sollte.

Now the poor child was all alone in the great forest and was
so frightened that he looked at all the leaves on the trees
and did not know how to help himself.

Da fing es an zu laufen und lief über die spitzen Steine 12.2
und durch die Dornen und die wilden Tiere sprängen
an ihm vorbei, aber sie thaten ihm nichts.

Then he began to run, and ran over the sharp stones and
through the thorns, and the wild beasts leaped past him,
but they did him no harm.

12.3 Es lief so lange nur die Füße noch fort konnten, bis es bald Abend werden wollte, da sah es ein kleines Häuschen und ging hinein sich zu ruhen.

He ran as long as his feet could carry him, until it was soon evening, when he saw a little house and went in to rest.

12.4 In dem Häuschen war alles klein, aber so zierlich und reinlich, daß es nicht zu sagen ist.

Everything in the little house was small, but it was so neat and clean that it could not be told.

12.5 Da stand ein weißgedecktes Tischlein mit sieben kleinen Tellern, jedes Tellerlein mit seinem Löffelein, ferner sieben Messerlein und Gäblein und sieben Becherlein.

There was a little table covered in white, with seven little plates, each plate with its own little spoon, seven little knives and forks, and seven little cups.

12.6 An der Wand waren sieben Bettlein nebeneinander aufgestellt und schneeweiße Laken darüber gedeckt.

Seven little beds were placed side by side on the wall, and snow-white sheets were spread over them.

12.7 Sneewittchen, weil es so hungrig und durstig war, aß von jedem Tellerlein ein wenig Gemüse und Brot, und trank aus jedem Becherlein einen Tropfen Wein; denn es wollte nicht einem allein alles wegnehmen.

Sneewittchen, because she was so hungry and thirsty, ate a little bread and vegetables from each plate, and drank a drop of wine from each cup, for she would not take everything from one person alone.

12.8 Hernach, weil es so müde war, legte es sich in ein Bettchen, aber keins paßte;

Afterwards, because she was so tired, she lay down in a little bed, but none of them fitted;

das eine war zu lang, das andere zu kurz, bis endlich   12.9
das siebente recht war;

one was too long, the other too short, until at last the
seventh was just right;

und darin blieb es liegen, befahl sich Gott und schlief   12.10
ein.

and in this she lay down, and prayed to God, and fell asleep.

Als es ganz dunkel geworden war, kamen die Herren   13.1
von dem Häuslein, das waren die sieben Zwerge, die
in den Bergen nach Erz hackten und gruben.

When it had grown quite dark, the masters of the little
house came, they were the seven dwarfs who were
chopping and digging for ore in the mountains.

Sie zündeten ihre sieben Lichtlein an, und wie es   13.2
nun hell im Häuslein ward, sahen sie, daß jemand
darin gewesen war, denn es stand nicht alles so in der
Ordnung, wie sie es verlassen hatten.

They lighted their seven little lights, and when it became
light in the little house, they saw that someone had been
in it, for everything was not in the order in which they had
left it.

Der erste sprach: »Wer hat auf meinem Stühlchen   13.3
gesessen?«

The first said, "Who has been sitting on my little chair?"

Der zweite: »Wer hat von meinem Tellerchen   13.4
gegessen?'

The second said, 'Who has eaten from my plate?'

Der dritte: »Wer hat von meinem Brötchen   13.5
genommen?«

The third: "Who has taken from my roll?"

13.6 Der vierte: »Wer hat von meinem Gemüschen gegessen?«
The fourth: "Who ate from my vegetables?"

13.7 Der fünfte: »Wer hat mit meinem Gäbelchen gestochen?«
The fifth: "Who stabbed me with my fork?"

13.8 Der sechste: »Wer hat mit meinem Messerchen geschnitten?«
The sixth: "Who has cut with my knife?"

13.9 Der siebente: »Wer hat aus meinem Becherlein getrunken?«
The seventh: "Who drank from my little cup?"

13.10 Dann sah sich der erste um und sah, daß auf seinem Bett eine kleine Dälle war, da sprach er:
Then the first one looked around and saw that there was a small ball on his bed, so he said:

13.11 »Wer hat in mein Bettchen getreten?«
"Who has kicked my bed?"

13.12 Die anderen kamen gelaufen und riefen,
The others came running and cried,

13.13 »In meinem hat auch jemand gelegen.«
"Someone has been lying in mine too."

13.14 Der siebente aber, als er in sein Bett sah, erblickte Sneewittchen, das lag darin und schlief.
But when the seventh looked into his bed, he saw Sneewittchen lying in it and sleeping.

Nun rief er die anderen, die kamen herbeigelaufen, und schrien vor Verwunderung, holten ihre sieben Lichtlein und beleuchteten Sneewittchen. 13.15
Now he called the others, who came running up and cried out in amazement, took their seven little lights and illuminated Sneewittchen.

»Ei, du mein Gott! ei, du mein Gott!« riefen sie, 13.16
"Oh, my God! Oh, my God!" they cried,

»was ist das Kind so schön!« 13.17
"what a beautiful child she is!"

und hatten so große Freude, daß sie es nicht aufweckten, sondern im Bettlein fortschlafen ließen. 13.18
and were so delighted that they did not wake her up, but let her sleep away in her little bed.

Der siebente Zwerg aber schlief bei seinen Gesellen, bei jedem eine Stunde, da war die Nacht herum. 13.19
But the seventh dwarf slept with his companions for an hour each, and the night was over.

Als es Morgen war, erwachte Sneewittchen, und wie es die sieben Zwerge sah, erschrak es. 14.1
When morning came, Sneewittchen woke up, and when she saw the seven dwarfs, she was frightened.

Sie waren aber freundlich und fragten: »Wie heißt du?« 14.2
But they were friendly and asked: "What is your name?"

»Ich heiße Sneewittchen.« antwortete es. 14.3
"My name is Sneewittchen." she replied.

»Wie bist du in unser Haus gekommen?« 14.4
"How did you get into our house?"

14.5 **sprachen weiter die Zwerge.**

the dwarfs continued.

14.6 **Da erzählte es ihnen, daß seine Stiefmutter es hätte wollen umbringen lassen, der Jäger hätte ihm aber das Leben geschenkt, und da wär es gelaufen den ganze Tag, bis es endlich ihr Häuslein gefunden hätte.**

Then she told them that her stepmother had wanted to have her killed, but the huntsman had given her life, and so she had walked all day until she had at last found her little house.

14.7 **Die Zwerge sprachen:**

The dwarfs said,

14.8 **»Willst du unseren Haushalt versehen, kochen, betten, waschen, nähen und stricken, und willst du alles ordentlich und reinlich halten, so kannst du bei uns bleiben, und es soll dir an nichts fehlen.«**

"If thou wilt take care of our household, cook, bed, wash, sew, and knit, and if thou wilt keep everything neat and clean, thou canst stay with us, and thou shalt want for nothing."

14.9 **»Ja.« sagte Sneewittchen, »von Herzen gern.«**

"Yes." said Sneewittchen, "with all my heart."

14.10 **und blieb bei ihnen. Es hielt ihnen das Haus in Ordnung;**

and stayed with them. She kept their house in order;

14.11 **morgens gingen sie in die Berge und suchten Erz und Gold, abends kamen sie wieder, und da mußte ihr Essen bereit sein.**

in the morning they went into the mountains and looked for ore and gold, and in the evening they came back, and their food had to be ready.

Den Tag über war das Mädchen allein, da warnten es
die guten Zwerglein und sprachen:

14.12

During the day the girl was alone, when the good dwarfs
warned her, saying,

»Hüte dich vor deiner Stiefmutter, die wird bald
wissen, daß du hier bist;

14.13

"Beware of your stepmother, she will soon know that you
are here;

laß niemand herein.«

14.14

let no one in."

Die Königin aber, nachdem sie Sneewittchens
Lunge und Leber glaubte gegessen zu haben, dachte
nicht anders, als sie wäre wieder die Erste und
Allerschönste, trat vor den Spiegel und sprach:

15.1

But the queen, after she thought she had eaten
Sneewittchen's lungs and liver, thought she was the first
and most beautiful again, stood in front of the mirror and
spoke:

»Spieglein, Spieglein an der
Wand,

"Mirror, mirror on the
wall,

wer ist die Schönste im
ganzen Land?«

Who is the fairest of
them all?"

Da antwortete der Spiegel:

17.1

Then the mirror replied:

»Frau Königin, ihr seid die
Schönste hier,

"Madam Queen, you are
the most beautiful one
here,

aber Sneewittchen über den Bergen

but Sneewittchen over the mountains

bei den sieben Zwergen

with the seven dwarfs

ist noch tausendmal schöner als ihr.«

is a thousand times more beautiful than you."

19.1 Da erschrak sie, denn sie wußte, daß der Spiegel keine Unwahrheit sprach, und merkte, daß der Jäger sie betrogen hatte, und Sneewittchen noch am Leben war.

Then she was frightened, for she knew that the mirror spoke no falsehood, and realized that the huntsman had deceived her, and that Sneewittchen was still alive.

19.2 Und da sann und sann sie aufs neue, wie sie es umbringen wollte; denn so lange sie nicht die Schönste war im ganzen Land, ließ ihr der Neid keine Ruhe.

And then she pondered and pondered anew how she would kill her, for as long as she was not the fairest in all the land, her envy left her no peace.

19.3 Und als sie sich endlich etwas ausgedacht hatte, färbte sie sich das Gesicht, und kleidete sich wie eine alte Krämerin, und war ganz unkenntlich.

And when at last she had thought of something, she dyed her face, and dressed herself like an old shopkeeper, and was quite unrecognizable.

19.4 In dieser Gestalt ging sie über die sieben Berge zu den sieben Zwergen, klopfte an die Thür und rief,

In this guise she went over the seven mountains to the seven dwarfs, knocked at the door, and cried,

»Schöne Ware feil! feil!« 19.5
"Fine goods for sale! for sale!"

Sneewittchen guckte zum Fenster heraus und rief: 19.6
Sneewittchen looked out of the window and called out:

»Guten Tag, liebe Frau, was habt Ihr zu verkaufen?« 19.7
"Good day, dear lady, what have you got to sell?"

»Gute Ware, schöne Ware.« antwortete sie, 19.8
"Good goods, beautiful goods." she replied,

»Schnürriemen von allen Farben.« 19.9
"laces of all colors."

und holte einen hervor, der aus bunter Seide 19.10
geflochten war.
and took out one that was woven from colorful silk.

»Die ehrliche Frau kann ich hereinlassen.« 19.11
"I can let the honest woman in."

dachte Sneewittchen, 19.12
thought Sneewittchen,

riegelte die Thür auf und kaufte sich den hübschen 19.13
Schnürriemen.
unlocking the door and buying the pretty lace.

»Kind.« sprach die Alte, »wie du aussiehst! Komm, 19.14
"Child." said the old woman, "how you look! Come,

ich will dich einmal ordentlich schnüren.« 19.15
I will lace you up properly."

Sneewittchen hatte kein Arg, 19.16
Sneewittchen had no argument,

19.17 stellte sich vor sie und ließ sich mit dem neuen Schnürriemen schnüren;

stood before her and let herself be laced with the new lace;

19.18 aber die Alte schnürte geschwind und schnürte so fest, daß dem Sneewittchen der Atem verging und es für tot hinfiel.

but the old woman laced quickly and laced so tightly that Sneewittchen lost her breath and fell down for dead.

19.19 »Nun bist du die Schönste gewesen.«

"Now you have been the most beautiful."

19.20 sprach sie und eilte hinaus.

she said, and hurried out.

20.1 Nicht lange darauf, zur Abendzeit, kamen die sieben Zwerge nach Hause, aber wie erschraken sie, als sie ihr liebes Sneewittchen auf der Erde liegen sahen;

Not long after, at evening time, the seven dwarfs came home, but how frightened they were when they saw their dear Sneewehite lying on the ground;

20.2 und es regte und bewegte sich nicht, als wäre es tot.

and she did not move or stir as if she were dead.

20.3 Sie hoben es in die Höhe, und weil sie sahen, daß es zu fest geschnürt war, schnitten sie den Schnürriemen entzwei; da fing es an ein wenig zu atmen, und ward nach und nach wieder lebendig.

They lifted her up, and seeing that she was tied too tightly, they cut the lace in two, and she began to breathe a little, and gradually came to life again.

20.4 Als die Zwerge hörten, was geschehen war, sprachen sie:

When the dwarfs heard what had happened, they said,

»Die alte Krämersfrau war niemand als die gottlose Königin;   20.5
"The old shopkeeper's wife was none other than the wicked queen;

hüte dich und laß keinen Menschen herein,   20.6
beware,

wenn wir nicht bei dir sind.«   20.7
and let no man in unless we are with you."

Das böse Weib aber, als es nach Hause gekommen war, ging vor den Spiegel und fragte: 21.1
But when the wicked woman came home, she went to the mirror and asked:

»Spieglein, Spieglein an der Wand,   "Mirror, mirror on the wall,

wer ist die Schönste im ganzen Land?«   Who is the fairest of them all?"

Da antwortete er wie sonst: 23.1
He replied as usual:

Frau Königin, ihr seid die Schönste hier,   Madam Queen, you are the most beautiful here,

aber Sneewittchen über den Bergen   but Sneewittchen over the mountains

bei den sieben Zwergen   with the seven dwarfs

ist noch tausendmal schöner als ihr.«   is a thousand times more beautiful than you."

25.1 Als sie das hörte, lief ihr das Blut zum Herzen, so erschrak sie, denn sie sah wohl, daß Sneewittchen wieder lebendig geworden war.

When she heard this, her blood ran to her heart, and she was frightened, for she saw that Sneewittchen had come to life again.

25.2 »Nun aber.« sprach sie,

"But now." said she,

25.3 »will ich etwas aussinnen, das dich zu Grunde richten soll.«

"I will devise something to destroy you."

25.4 und mit Hexenkünsten, die sie verstand, machte sie einen giftigen Kamm.

and with witchcraft, which she understood, she made a poisonous comb.

25.5 Dann verkleidete sie sich und nahm die Gestalt eines anderen alten Weibes an.

Then she disguised herself and assumed the form of another old woman.

25.6 So ging sie hin über die sieben Berge zu den sieben Zwergen, klopfte an die Thür und rief:

So she went over the seven mountains to the seven dwarfs, knocked at the door and called out,

25.7 »Gute Ware feil! feil!« Sneewittchen schaute heraus und sprach,

"Good goods for sale!" Sneewittchen looked out and said,

25.8 »Geht nur weiter, ich darf niemand hereinlassen.«

"Go on, I must not let anyone in."

»Das Ansehen wird dir doch erlaubt sein.« sprach die
Alte,

25.9

"You will be allowed to look." said the old woman,

zog den giftigen Kamm heraus und hielt ihn in die
Höhe.

25.10

pulling out the poisonous comb and holding it aloft.

Da gefiel er dem Kinde so gut, daß es sich bethören
ließ und die Thür öffnete.

25.11

The child liked it so much that he allowed himself to be
beguiled and opened the door.

Als sie des Kaufes einig waren, sprach die Alte,

25.12

When they had agreed on the purchase, the old woman
said,

»Nun will ich dich einmal ordentlich kämmen.«

25.13

"Now I will comb your hair properly."

Das arme Sneewittchen dachte an nichts und ließ
die Alte gewähren, aber kaum hatte sie den Kamm in
die Haare gesteckt, als das Gift darin wirkte, und das
Mädchen ohne Besinnung niederfiel.

25.14

Poor Sneewittchen thought nothing of it, and let the old
woman have her way, but she had scarcely put the comb
into her hair when the poison took effect, and the girl fell
down without thinking.

»Du Ausbund von Schönheit.« sprach das boshafte
Weib,

25.15

"You paragon of beauty." said the wicked woman,

»jetzt ist's um dich geschehen.« und ging fort.

25.16

"now you're finished." and went away.

25.17 Zum Glück aber war es bald Abend,
Fortunately,

25.18 wo die sieben Zwerglein nach Hause kamen.
it was soon evening when the seven dwarfs came home.

25.19 Als sie Sneewittchen wie tot auf der Erde liegen sahen, hatten sie gleich die Stiefmutter in Verdacht, suchten nach und fanden den giftigen Kamm, und kaum hatten sie ihn herausgezogen, so kam Sneewittchen wieder zu sich, und erzählte was vorgegangen war.
When they saw Sneewittchen lying dead on the ground, they immediately suspected the stepmother, searched and found the poisonous comb, and no sooner had they pulled it out than Sneewittchen came to herself again and told them what had happened.

25.20 Da warnten sie es noch einmal, auf seiner Hut zu sein und niemand die Thür zu öffnen.
Then they warned her once more to be on her guard and not to open the door to anyone.

26.1 Die Königin stellte sich daheim vor den Spiegel und sprach:
The queen stood in front of the mirror at home and spoke:

»Spieglein, Spieglein an der Wand,
"Mirror, mirror on the wall,

wer ist die Schönste im ganzen Land?«
Who is the fairest of them all?"

28.1 Da antwortete er wie vorher:
Then he replied as before:

»Frau Königin, ihr seid die Schönste hier,

"Madam Queen, you are the most beautiful one here,

aber Sneewittchen über den Bergen

but Sneewittchen over the mountains

bei den sieben Zwergen

with the seven dwarfs

ist doch noch tausendmal schöner als ihr.«

is a thousand times more beautiful than you."

Als sie den Spiegel so reden hörte,   30.1
When she heard the mirror talking like that,

zitterte und bebte sie vor Zorn.   30.2
she trembled and shook with rage.

»Sneewittchen soll sterben.« rief sie,   30.3
"Sneewittchen shall die." she cried,

»und wenn es mein eigenes Leben kostet.«   30.4
"even if it costs my own life."

Darauf ging sie in eine ganz, verborgene einsame   30.5
Kammer, wo niemand hinkam, und machte da einen
giftigen Apfel.
Thereupon she went into a secret, lonely chamber where no
one went, and there she made a poisonous apple.

Äußerlich sah er schön aus, weiß, mit roten Backen,   30.6
daß jeder, der ihn erblickte, Lust danach bekam, aber
wer ein Stückchen davon aß, der mußte sterben.
Outwardly it looked beautiful, white, with red cheeks, so
that every one who saw it was tempted by it, but whoever
ate a piece of it would die.

30.7 Als der Apfel fertig war, färbte sie sich das Gesichts und verkleidete sich in eine Bauersfrau, und so ging sie über die sieben Berge zu den sieben Zwergen.
When the apple was ready, she dyed her face and disguised herself as a peasant woman, and so she went over the seven mountains to the seven dwarfs.

30.8 Sie klopfte an, Sneewittchen streckte den Kopf zum Fenster hinaus und sprach,
She knocked, Sneewittchen stuck her head out of the window and said,

30.9 »Ich darf keinen Menschen einlassen,
"I must not let anyone in,

30.10 die sieben Zwerge haben mirs verboten.«
the seven dwarfs have forbidden me."

30.11 »Mir auch recht.« antwortete die Bäuerin,
"That's all right with me." replied the farmer's wife,

30.12 »meine Äpfel will ich schon los werden. Da,
"I want to get rid of my apples. Here,

30.13 einen will ich dir schenken.«
I'll give you one."

30.14 »Nein.« sprach Sneewittchen, »ich darf nichts annehmen.«
"No." said Sneewittchen, "I mustn't accept anything."

30.15 »Fürchtest du dich vor Gift?« sprach die Alte, »siehst du,
"Are you afraid of poison?" said the old woman, "you see,

30.16 da schneide ich den Apfel in zwei Theile:
I will cut the apple in two:

den roten Backen iß du, den weißen will ich essen.« 30.17

you eat the red cheek and I will eat the white one."

Der Apfel war aber so künstlich gemacht, daß der 30.18
rote Backen allein vergiftet war.

But the apple was so artificially made that the red cheek
alone was poisoned.

Sneewittchen lüsterte der schöne Apfel an, und als 30.19
es sah, daß die Bäuerin davon aß, so konnte es nicht
länger widerstehen, streckte die Hand hinaus und
nahm die giftige Hälfte.

Sneewittchen was tempted by the beautiful apple, and
when she saw that the farmer's wife was eating it, she could
resist no longer, put out her hand and took the poisonous
half.

Kaum aber hatte es einen Bissen davon im Mund, 30.20

But as soon as she had a bite of it in her mouth,

so fiel es tot zur Erde nieder. 30.21

she fell to the ground dead.

Da betrachtete es die Königin mit grausigen Blicken 30.22
und lachte überlaut und sprach,

Then she looked at the queen with a gruesome expression
and laughed out loud, saying,

»Weiß wie Schnee, rot wie Blut, schwarz wie 30.23
Ebenholz!

"White as snow, red as blood, black as ebony!

Diesmal können dich die Zwerge nicht wieder 30.24
erwecken.«

This time the dwarves can't wake you up again."

30.25 **Und als sie daheim den Spiegel befragte:**
And when she returned home, she consulted the mirror:

»Spieglein, Spieglein an der Wand,
"Mirror, mirror on the wall,

wer ist die Schönste im ganzen Land?«
Who is the fairest of them all?"

32.1 **so antwortete er endlich:**
he finally replied:

33.1 **»Frau Königin, ihr seid die Schönste im Land.«**
"Madam Queen, you are the fairest in the land."

34.1 **Da hatte ihr neidisches Herz Ruhe,**
That gave her envious heart peace,

34.2 **so gut ein neidisches Herz. Ruhe haben kann.**
as good as an envious heart can have. can have peace.

35.1 **Die Zwerglein, wie sie abends nach Hause kamen, fanden, Sneewittchen auf der Erde liegen, und es ging kein Atem mehr aus seinem Mund, und es war tot.**
When the little dwarfs came home in the evening, they found Sneewittchen lying on the ground, and there was no more breath coming out of her mouth, and she was dead.

35.2 **Sie hoben es auf, suchten, ob sie was Giftiges fänden, schnürten es auf, kämmten ihm die Haare, wuschen es mit Wasser und Wein, aber es half alles nichts;**
They picked her up, searched to see if they could find anything poisonous, untied her, combed her hair, washed her with water and wine, but it was no use;

das liebe Kind war tot und blieb tot.   35.3

the dear child was dead and remained dead.

Sie legten es auf eine Bahre und setzten sich alle   35.4
sieben daran, und beweinten es, und weinten drei
Tage lang.

They laid it on a bier and all seven of them sat down by it
and wept for three days.

Da wollten, sie es begraben aber es sah noch so frisch   35.5
aus wie ein lebender Mensch, und hatte noch seine
schönen roten Backen.

Then they wanted to bury it, but it still looked as fresh as a
living person, and still had its beautiful red cheeks.

Sie sprachen,   35.6

They said,

»Das können wir nicht in die schwarze Erde   35.7
versenken.«

"We cannot bury her in the black earth."

und ließen einen durchsichtigen Sarg von Glas   35.8
machen, daß man es von allen Seiten sehen konnte,
legten es hinein, und schrieben mit goldenen
Buchstaben seinen Namen darauf, und daß es eine
Königstochter wäre.

and had a transparent coffin made of glass, so that she
could be seen from all sides, and they laid her in it, and
wrote her name on it in letters of gold, and that she was a
king's daughter.

Dann setzten sie den Sarg hinaus auf den Berg,   35.9

Then they put the coffin out on the mountain,

und einer von ihnen blieb immer dabei und bewachte   35.10
ihn.

and one of them always stood by and guarded it.

35.11 Und die Tiere kamen auch und beweinten Sneewittchen, erst eine Eule, dann ein Rabe, zuletzt ein Täubchen.

And the animals also came and wept for Sneewittchen, first an owl, then a raven, and finally a dove.

36.1 Nun lag Sneewittchen lange, lange Zeit in dem Sarge und verweste nicht, sondern sah aus als wenn es schliefe, denn es war noch so weiß als Schnee, so rot als Blut und so schwarzhaarig wie Ebenholz.

Now Sneewittchen lay in the coffin for a long, long time, and did not decay, but looked as if she were asleep, for she was still as white as snow, as red as blood, and as black-haired as ebony.

36.2 Es geschah aber, daß ein Königssohn in den Wald geriet und zu dem Zwergenhaus kam, da zu übernachten.

It happened, however, that a king's son wandered into the forest and came to the dwarf's house to spend the night.

36.3 Er sah auf dem Berg den Sarg und das schöne Sneewittchen darin, und las, was mit goldenen Buchstaben, darauf geschrieben war.

He saw the coffin on the mountain and the beautiful Sneewittchen in it, and read what was written on it in golden letters.

36.4 Da sprach er zu den Zwergen:

Then he said to the dwarfs,

36.5 »Laßt mir den Sarg, ich will euch geben, was ihr dafür haben wollt.«

"Let me have the coffin, I will give you what you want for it."

Aber die Zwerge antworteten, 36.6

But the dwarves answered,

»Wir geben ihn nicht um alles Gold in der Welt.« 36.7

"We will not give it for all the gold in the world."

Da sprach er: 36.8

Then he said,

»So schenkt mir ihn, denn ich kann nicht leben, 36.9
ohne Sneewittchen zu sehen, ich will es ehren und
hochachten wie mein Liebstes.«

"So give it to me, for I cannot live without seeing
Sneewittchen, I will honor and esteem her as my dearest."

Wie er so sprach, 36.10

As he said this,

empfanden die guten Zwerglein Mitleid mit ihm und 36.11
gaben ihm den Sarg.

the good dwarfs took pity on him and gave him the coffin.

Der Königssohn ließ ihn nun von seinen Dienern auf 36.12
den Schultern forttragen.

The King's son had his servants carry him away on their
shoulders.

Da geschah es, daß sie über einen Strauch stolperten, 36.13
und von dem Schüttern fuhr der giftige Apfelgrütz,
den Sneewittchen abgebissen hatte, aus dem Hals.

Then it happened that they stumbled over a shrub, and the
poisonous apple-green, which Sneewittchen had bitten off,
came out of his neck.

36.14 Und nicht lange so öffnete es die Augen, hob den Deckel vom Sarg in die Höhe, und richtete sich auf und war wieder lebendig.

And not long afterwards she opened her eyes, lifted up the lid of the coffin, and sat up and was alive again.

36.15 »Ach Gott, wo bin ich?« rief es.

"Oh God, where am I?" she cried.

36.16 Der Königssohn sagte voll Freude: »Du bist bei mir.«

The king's son said joyfully, "You are with me."

36.17 und erzählte, was sich zugetragen hatte und sprach,

and told what had happened, and said,

36.18 »Ich habe dich lieber als alles auf der Welt;

"I love you better than anything in the world;

36.19 komm mit mir in meines Vaters Schloß, du sollst, meine Gemahlin werden.«

come with me to my father's castle, and you shall be my wife."

36.20 Da war ihm Sneewittchen gut und ging mit ihm,

Then Sneewittchen was good to him and went with him,

36.21 und ihre Hochzeit ward mit großer Pracht und Herrlichkeit angeordnet.

and their wedding was arranged with great splendor and magnificence.

37.1 Zu dem Fest wurde aber auch Sneewittchens gottlose Stiefmutter eingeladen.

But Sneewittchen's godless stepmother was also invited to the party.

Wie sie sich nun mit schönen Kleidern angethan hatte, 37.2

When she had dressed herself in beautiful clothes,

trat sie vor den Spiegel und sprach: 37.3

she stood in front of the mirror and said:

Spieglein, Spieglein an der Wand,

Mirror, mirror on the wall,

wer ist die Schönste im ganzen Land?«

Who is the fairest of them all?"

Der Spiegel antwortete: 39.1

Der Spiegel replied:

»Frau Königin, ihr seid die Schönste hier,

"Madam Queen, you are the most beautiful one here,

aber die junge Königin ist tausendmal schöner als ihr.«

but the young queen is a thousand times more beautiful than you."

Da stieß das böse Weib einen Fluch aus und ward ihr so angst, daß sie sich nicht zu lassen wußte. 41.1

Then the wicked woman uttered a curse and was so frightened that she could not let herself go.

Sie wollte zuerst gar nicht auf die Hochzeit kommen; doch ließ es ihr keine Ruhe, 41.2

At first she did not want to come to the wedding at all,

sie mußte fort und die junge Königin sehen. 41.3

but she had to go and see the young queen.

41.4 Und wie sie hineintrat, erkannte sie Sneewittchen, und vor Angst und Schrecken stand sie da und konnte sich nicht regen.

And when she went in, she recognized Sneewittchen, and she stood there in terror, and could not move.

41.5 Aber es waren schon eiserne Pantoffeln über Kohlenfeuer gestellt und wurden mit Zangen hereingetragen und vor sie hingestellt.

But iron slippers had already been placed over a coal fire, and were brought in with tongs and set before her.

41.6 Dann mußte sie in die rotglühenden Schuhe treten und solange tanzen, bis sie tot zur Erde fiel.

Then she had to step into the red-hot shoes and dance until she fell to the ground dead.

De Gaudeif un sien Meester

The Joyous Three and Master

1.1 Jan wull sien Sohn en Handwerk lehren loeten, do
gonk Jan in de Kerke un beddet to ussen Herrgott,
wat üm wull selig (zuträglich) wäre;
Jan wanted to teach his son a trade, so Jan went to the
church and asked the Lord what would be good for him;

1.2 do steit de Köster achter dat Altar und seg:
then the master stood behind the altar and said:

1.3 »Dat Gaudeisen, dat Gaudeisen (gaudieben).«
"Dat Gaudeisen, dat Gaudeisen."

1.4 Do geit Jan wier to sien Sohn, he möst dat Gaudeisen
lehren, dat hedde em usse Herrgott segt.
Then Jan goes to his son, he wants to teach him the
Gaudeisen, which he has been told by the Lord.

1.5 Geit he met sienen Sohn und sögt sik enen Mann, de
dat Gaudeisen kann.
He goes with his son and looks for a man who knows how to
use the iron.

Do goht se ene ganze Tied, kummt in so'n graut Wold,   1.6
do steit so'n klein Hüsken mot so'ne olle Frau derin;
Then she walks a whole day, comes into such a gray forest,
there is such a small house with such an old woman in it;

seg Jan: »Wiet ji nich enen Mann, de dat Gaudeifen   1.7
kann?«
Jan says: "Don't you have a man who can do the iron?"

»Dat känn ji hier wull lehren.« seg de Frau,   1.8
"I can't teach you that here." says the woman,

»mien Sohn is en Meester dervon.«   1.9
"my son is a master of it."

Do kührt (spricht) he met den Sohn,   1.10
Then he asks (speaks) to his son,

of he dat Gaudeifen auk recht könne?   1.11
if he can also do the gaudeifen properly?

De Gaudeifsmeester seg: 1.12
The master of ceremonies says:

»Ick willt juen Sohn wull lehren, dann kummt övern   1.13
Johr wier, wann ji dann juen Sohn noch kennt, dann
will ick gar kien Lehrgeld hebben, un kenne ji em nig,
dann müge ji mi twehunnert Dahler giewen.«
"I want to teach my son, then I'll come back every year, if I
still know my son, then I don't want to be taught at all, and
if I don't know him, then I'll have to give me two dollars."

De Vader geit wier noh Hues,   2.1
The father goes back to his house,

un de Sohn lehret gut hexen un gaudeifen.   2.2
and the son teaches good witchcraft and witchcraft.

2.3 Asse dat Johr um is, geit de Vader alle un grient wu he dat anfangen will, dat he sienen Sohn kennt.

When the year is over, the father goes all out and finds out how he wants to start, that he knows his son.

2.4 Asse he der so geit un grient, do kümmt em so'n klein Männken in de Möte (entgegen), dat seg:

As he walks and grins, a little man comes up to him and says:

2.5 »Mann, wat grien ji? ji sind je so bedröft.«

"Man, what are you grinning at? You're so depressed."

2.6 »O.« seg Jan,

"Oh." said Jan,

2.7 »ick hebbe mienen Sohn vör en Johr bi en Gaudeifsmeester vermet, do sede de mig, ick söll övert Johr wier kummen, un wann ick dann mienen Sohn mich kennde, dann soll ick em twehunnert Dahler giewen, und wann ick em kennde, dann höf ick nix to giewen;

"I lost my son a year ago at a fairy tale master's, then he said to me that I should come back every year, and when I know my son, I should give him two dahlers, and when I know him, I don't have anything to give;

2.8 nu sin ick so bange, dat ick em nig kenne, un ick weet nig, wo ick dat Geld her kriegen sall.«

Now I'm so anxious that I don't know him, and I don't know where I'm going to get the money."

2.9 Do seg dat Männken, he soll en Körfken Braut met niemen, un gohen unter den Kamin stohen:

Then the man said he should have a basket of bride with no one, and went to stand under the fireplace:

»Do up den Hahlbaum steit en Körfken, do kiekt en 2.10
Vügelken uht, dat is jue Sohn.«
"There's a basket on the pile, a bird is looking at it, that's my
son."

Do geit Jan hen un schmit en Körsken Schwatbraut 3.1
vör den Korf,
Then Jan goes up and shoots a basket of bridesmaids in
front of the basket,

do kümmt dat Vügelken daruht un blickt der up. 3.2
where the bird comes and looks up.

»Holla, mien Sohn, bist du hier?« seg de Vader. 3.3
"Hello, my son, are you here?" said the father.

Do freude sik de Sohn, 3.4
The son is happy to hear him call his father,

dat he sienen Vader sog; awerst de Lehrmeester seg: 3.5
but the teacher says:

»Dat het ju de Düvel ingiewen, 3.6
"That's the truth,

wu könn ji sus juen Sohn kennen?« 3.7
how can you know your new son?"

»Vader, loet us gohn.« sede de Junge. 3.8
"Father, let us go." said the boy.

Do will de Vader met sienen Sohn nach Hues 4.1
hengohn, unnerweges kümmt der ne Kutske an
föhren, do segd de Sohn sienen Vader:
Then the father wants to go to Hues with his son, and on the
way the new coward arrives, so the son says to his father:

4.2 »Ick will mie in enen grauten Windhund maken,
"I want to turn him into a gray greyhound,

4.3 dann künn ji viel Geld met mie verdienen.«
then I can earn a lot of money with him."

4.4 Do röpt de Heer uht de Kutske: »Mann,
Then the army shouts to the cow: "Man,

4.5 will ji den Hund verkaupen?«
do you want to sell the dog?"

4.6 »Jau.« sede de Vader.
"Yes." said the father.

4.7 »Wu viel Geld will ji den vör hebben?«
"How much money do you want to sell it for?"

4.8 »Dertig Dahler.«
"That's a lot of money."

4.9 »Je, Mann, dat is je viel, men wegen dat en so'n
eislicke rohren Ruen (gewaltig schöner Rüde) is,
so will ick en behollen.«
"Well, man, that's a lot, but because it's such a beautiful
dog, I want to keep it."

4.10 De Heer nimmt en in siene Kutske, asse mit en lück
(wenig) wegföhrt is, da sprinkt de Hund uht den
Wagen dör de Glase, und do was he kien Windhund
mehr un was wier bie sienen Vader.
The man takes him in his bag, as he is driven away with a
little, the dog jumps under the car through the glass, and
then he was no longer a greyhound and was still with his
father.

4.11 Do goht sie tosamen noh Hues.
Then she went home together.

Den annern Dag is in dat neigste Dorb Markt, 4.12
The next day there was a market in the next village,

do seg de Junge to sienen Vader: 4.13
and the boy said to his father:

»Ick will mie nu in en schön Perd maken, 4.14
"I want to make myself into a nice person now,

dann verkaupet mie; 4.15
then I'll sell myself;

averst wann ji mie verkaupet, do möt ji mi den Taum 4.16
uttrecken, süs kann ick kien Mensk wier weren.«
but when I sell myself, I want to stretch my legs, because I
can't be a man."

Do treckt de Vader met dat Perd noh't Markt, do 4.17
kämmt de Gaudeifsmeester und köft dat Perd för
hunnert Dahler, und de Vader verget un treckt em
den Taum nig uht.
Then the father treks to the market with the pearl, then the
fairy tale master comes and buys the pearl for a hundred
dollars, and the father leaves and takes the pearl with him.

Do treckt de Mann met das Perd noh Hues, un doet et 4.18
in en Stall.
Then the man takes the horse to Hues and puts it in a stable.

Asse de Magd öwer de Dehle geit, do segt dat Perd: 4.19
As the maid walks over the floor, the horse says:

»Tüh mie den Taum uht, tüh mie den Taum uht.« 4.20
"Do me the dew, do me the dew."

Do steiht de Magd un lustert: »Je, kannst du kühren?« 4.21
Then the maid stands and chirps: "Je, can you kiss?"

4.22 Geit hen un tüht em den Taum uht, do werd dat Perd
en Lüning (Sperling), un flügt öwer de Döre, un de
Hexenmeester auk en Lüning, un flügt em noh.

When the maid goes over and puts the dream in his mouth,
the bird becomes a sparrow and flies over the roof, and the
witch's master also becomes a sparrow and flies after him.

4.23 Do kümmt se bie ene (zusammen), un bietet sick,
awerst de Meester verspielt un mäk sick in't Water,
un is en Fisk.

Then she comes together, and offers herself, but the magpie
is playful and munches in the water, and is a fish.

4.24 Do werd de Junge auk en Fisk, un se bietet sick wier,
dat de Meester verspielen mot.

Then the boy also becomes a fisk, and she offers to play with
the master.

4.25 Do mäk sick de Meester in en Hohn,

Then the master mows himself into a mockery,

4.26 un de Junge werd en Voß un bitt den Meester den
Kopp af;

and the boy becomes a fox and asks the master for his head;

4.27 do is he storwen un liegt daut bes up düssen Dag.

then he dies and lies there on that day.

Jorinde und Joringel

Jorinde and Joringel

1.1 **Es war einmal ein altes Schloß mitten in einem großen dicken Wald, darinnen wohnte eine alte Frau ganz allein, das war eine Erzzauberin.**

Once upon a time there was an old castle in the middle of a large, thick forest, where an old woman lived all alone, an arch-witch.

1.2 **Am Tage machte sie sich zur Katze oder zur Nachteule,**

During the day she turned herself into a cat or a night owl,

1.3 **des Abends aber wurde sie wieder ordentlich wie ein Mensch gestaltet.**

but in the evening she became like a human being again.

1.4 **Sie konnte das Wild und die Vögel herbeilocken,**

She could lure game and birds to her,

1.5 **und dann schlachtete kochte und briet sie es.**

and then she cooked and roasted them.

Wenn jemand auf hundert Schritte dem Schloß nahe   1.6
kam, so mußte er stille stehen und konnte sich nicht
von der Stelle bewegen, bis sie ihn lossprach;

If anyone came within a hundred paces of the castle, he had
to stand still, and could not move from the spot until she
absolved him;

wenn aber eine keusche Jungfrau in diesen Kreis   1.7
kam, so verwandelte sie dieselbe in einen Vogel, und
sperrte sie dann in einen Korb ein und trug den Korb
in eine Kammer des Schlosses.

but if a chaste maiden came within this circle, she changed
her into a bird, and then shut her up in a basket, and
carried the basket into a chamber of the castle.

Sie hatte wohl siebentausend solcher Körbe mit so   1.8
raren Vögeln im Schlosse.

She had probably seven thousand such baskets with such
rare birds in the castle.

Nun war einmal eine Jungfrau, die hieß Jorinde;   2.1

Once upon a time there was a maiden called Jorinde;

sie war schöner als alle anderen Mädchen.   2.2

she was more beautiful than all the other girls.

Die, und dann ein gar schöner Jüngling, Namens   2.3
Joringel, hatten sich zusammen versprochen.

She and a handsome young man named Joringel had
promised themselves to each other.

Sie waren in den Brauttagen und sie hatten ihr   2.4
größtes Vergnügen eins am anderen.

They were in their bridal days, and they had their greatest
pleasure one with the other.

2.5 **Damit sie nun einsmalen vertraut zusammen reden könnten, gingen sie in den Walt spazieren.**
They went for a walk in the forest so that they could talk together in private.

2.6 **»Hüte dich.« sagte Joringel,**
"Beware." said Joringel,

2.7 **»daß du nicht so nahe ans Schloß kommst.«**
"that you do not come so near the castle."

2.8 **Es war ein schöner Abend,**
It was a beautiful evening,

2.9 **die Sonne schien zwischen den Stämmen der Bäume hell ins dunkle Grün des Waldes und die Turteltaube sang kläglich auf den alten Maibuchen.**
the sun shone brightly between the trunks of the trees into the dark green of the forest and the turtle dove sang mournfully on the old may beeches.

3.1 **Jorinde weinte zuweilen,**
Jorinde wept from time to time,

3.2 **setzte sich hin im Sonnenschein und klagte;**
sat down in the sunshine and wailed;

3.3 **Joringel klagte auch.**
Joringel wailed too.

3.4 **Sie waren so bestürzt, als wenn sie hätten sterben sollen;**
They were as distraught as if they should have died;

sie sahen sich um, waren irre und wußten nicht, wohin sie nach Hause gehen sollten. 3.5

they looked around, were confused and did not know where to go home.

Noch halb stand die Sonne über dem Berge und halb war sie unter. 3.6

The sun was still half up over the mountain and half down.

Joringel sah durchs Gebüsch und sah die alte Mauer des Schlosses nahe bei sich; 3.7

Joringel looked through the bushes and saw the old wall of the castle close to him;

er erschrak und wurde todbang. Jorinde sang: 3.8

he was frightened and became deathly afraid. Jorinde sang:

»Mein Vöglein mit dem Ringlein rot	"My little bird with the red ring
singt Leide, Leide, Leide;	sings Leide, Leide, Leide;
es singt dem Täubelein seinen Tod,	it sings its death to the little dove,
singt Leide, Lei – zucküth, zicküth, zicküth.«	sings Leide, Lei – zucküth, zicküth, zicküth."

Joringel sah nach Jorinde. 5.1

Joringel looked after Jorinde.

Jorinde war in eine Nachtigall verwandelt, die sang: 5.2

Jorinde had turned into a nightingale, singing:

»Zicküth, zicküth.« 5.3

"Zicküth, zicküth."

5.4 Eine Nachteule mit glühenden Augen flog dreimal um sie herum und schrie dreimal:

A night owl with glowing eyes flew around her three times and cried three times:

5.5 »Schu, hu, hu, hu.« Joringel konnte sich nicht regen:

"Shoo, hu, hu, hu." Joringel could not move:

5.6 er stand da wie ein Stein, konnte nicht weinen, nicht reden, nicht Hand noch Fuß regen.

he stood there like a stone, could not cry, could not speak, could not move hand or foot.

5.7 Nun war die Sonne unter:

Now the sun was down:

5.8 die Eule flog in einen Strauch, und gleich darauf kam eine alte krumme Frau aus diesem hervor, gelb und mager, mit großen roten Augen, krummer Nase, die mit der Spitze ans Kinn reichte.

the owl flew into a bush, and immediately afterwards an old crooked woman came out of it, yellow and gaunt, with large red eyes and a crooked nose, the tip of which reached to her chin.

5.9 Sie murmelte,

She murmured,

5.10 fing die Nachtigall und trug sie auf der Hand fort.

caught the nightingale and carried it away in her hand.

5.11 Joringel konnte nichts sagen, nicht von der Stelle kommen;

Joringel could say nothing, could not move from the spot;

5.12 die Nachtigall war fort.

the nightingale was gone.

Endlich kam das Weib wieder und sagte mit dumpfer Stimme:

5.13

At last the woman came again and said in a muffled voice:

»Grüß dich, Zachiel, wenns Möndel ins Körbel scheint, bind los, Zachiel, zu guter Stund.«

5.14

"Greetings, Zachiel, if Möndel shines in the basket, untie, Zachiel, at a good hour."

Da wurde Joringel los.

5.15

Then Joringel got loose.

Er fiel vor dem Weib auf die Knie und bat, sie möchte ihm seine Jorinde wieder geben, aber sie sagte, er sollte sie nie wieder haben, und ging fort.

5.16

He fell on his knees before the woman and begged her to give him back his Jorinde, but she said he should never have her again, and went away.

Er rief, er weinte, er jammerte, aber alles umsonst. »Uu,

5.17

He cried, he wept, he wailed, but all in vain. "Uu,

was soll mir geschehen?«

5.18

what is to happen to me?"

Joringel ging fort und kam endlich in ein fremdes Dorf: da hütete er die Schafe lange Zeit.

5.19

Joringel went away and finally came to a strange village, where he tended the sheep for a long time.

Oft ging er rund um das Schloß herum, aber nicht zu nahe dabei.

5.20

He often walked around the castle, but not too close to it.

5.21 Endlich träumte er einmal des Nachts, er fände eine blutrote Blume, in deren Mitte eine schöne große Perle war.

At last one night he dreamed that he found a blood-red flower with a beautiful large pearl in the center.

5.22 Die Blume brach er ab, ging damit zum Schlosse: alles, was er mit der Blume berührte, ward von der Zauberei frei;

He broke off the flower, went to the castle with it, and everything he touched with the flower was freed from the enchantment;

5.23 auch träumte er, er hätte seine Jorinde dadurch wieder bekommen.

he also dreamed that he had got his Jorinde back through it.

5.24 Des Morgens, als er erwachte, fing er an durch Berg und Thal zu suchen, ob er eine solche Blume fände:

In the morning, when he awoke, he began to search through hill and dale to see if he could find such a flower:

5.25 er suchte bis an den neunten Tag,

he searched until the ninth day,

5.26 da fand er die blutrote Blume am Morgen früh.

when he found the blood-red flower early in the morning.

5.27 In der Mitte war ein großer Tautropfen, so groß wie die schönste Perle.

In the center was a large dewdrop as big as the most beautiful pearl.

5.28 Diese Blume trug er Tag und Nacht bis zum Schloß.

He carried this flower day and night to the castle.

Wie er auf hundert Schritt nahe bis zum Schloß kam, 5.29
da ward er nicht fest, sondern ging fort bis ans Thor.

When it came within a hundred paces of the castle, it did
not become firm, but went away as far as the gate.

Joringel freute sich hoch, berührte die Pforte mit der 5.30
Blume und sie sprang auf.

Joringel rejoiced greatly, touched the gate with the flower,
and it burst open.

Er ging hinein, durch den Hof, horchte, wo er die 5.31
vielen Vögel vernähme;

He went in, through the courtyard, and listened to hear the
many birds;

endlich hörte er's. Er ging und fand den Saal, 5.32

at last he heard it. He went and found the hall,

darauf war die Zauberin und fütterte die Vögel in den 5.33
siebentausend Körben.

where the enchantress was feeding the birds in the seven
thousand baskets.

Wie sie den Joringel sah, ward sie bös, sehr bös, 5.34
schalt, spie Gift und Galle gegen ihn aus, aber sie
konnte auf zwei Schritte nicht an ihn kommen.

When she saw Joringel, she became angry, very angry,
scolded him, spat out poison and bile against him, but she
could not get within two steps of him.

Er kehrte sich nicht an sie und ging, 5.35

He did not turn to her,

besah die Körbe mit den Vögeln; 5.36

and went and looked at the baskets of birds;

da waren aber viele hundert Nachtigallen, 5.37

but there were many hundreds of nightingales,

5.38 wie sollte er nun seine Jorinde wieder finden?

how was he to find his Jorinde again?

5.39 Indem er so zusah, merkte er, daß die Alte heimlich ein Körbchen mit einem Vogel wegnahm und damit nach der Thür ging.

As he watched, he noticed that the old woman had secretly taken away a basket containing a bird, and was going to the door with it.

5.40 Flugs sprang er hinzu, berührte das Körbchen mit der Blume und auch das alte Weib:

He jumped in at once, touched the basket with the flower, and also the old woman:

5.41 nun konnte sie nichts mehr zaubern, und Jorinde stand da, hatte ihn um den Hals gefaßt, so schön wie sie ehemals war.

now she could do no more magic, and Jorinde stood there, clasped round his neck, as beautiful as she used to be.

5.42 Da machte er auch alle die anderen Vögel wieder zu Jungfrauen, und da ging er mit seiner Jorinde nach Hause, und sie lebten lange vergnügt zusammen.

Then he turned all the other birds into virgins again, and he went home with his Jorinde, and they lived happily together for a long time.

Die drei Glückskinder

The Three Lucky Children

1.1 Ein Vater ließ einmal seine drei Söhne vor sich kommen und schenkte dem ersten einen Hahn, dem zweiten eine Sense, dem dritten eine Katze.

A father once had his three sons come before him and gave the first a rooster, the second a scythe and the third a cat.

1.2 »Ich bin schon alt.« sagte er, »und mein Tod ist nahe,

"I am already old." he said, "and my death is near,

1.3 da wollte ich euch vor meinem Ende noch versorgen.

so I wanted to provide for you before I die.

1.4 Geld hab ich nicht, und was ich euch jetzt gebe, scheint wenig wert, es kommt aber bloß darauf an, daß ihr es verständig anwendet;

I have no money, and what I am giving you now seems of little value, but it only depends on your using it wisely;

1.5 sucht euch nur ein Land, wo dergleichen Dinge noch unbekannt sind, so ist euer Glück gemacht.«

just look for a country where such things are still unknown, and your happiness will be assured."

Nach dem Tode des Vaters ging der älteste mit seinem 1.6
Hahn aus, wo er aber hinkam, war der Hahn schon
bekannt:
After his father's death the eldest went out with his cock,
but wherever he went the cock was already known:

in den Städten sah er ihn schon von weitem auf den 1.7
Türmen sitzen und sich mit dem Wind umdrehen,
in den Dörfern hörte er mehr als einen krähen, und
niemand wollte sich über das Tier wundern, sodaß
es nicht das Ansehen hatte, als würde er sein Glück
damit machen.
in the towns he saw it from afar sitting on the towers and
turning with the wind, in the villages he heard more than
one crowing, and no one wanted to be surprised at the
animal, so that it did not look as if he were making his
fortune with it.

Endlich aber geriet's ihm doch, daß er auf eine Insel 1.8
kam, wo die Leute nichts von einem Hahn wußten,
sogar ihre Zeit nicht einzuteilen verstanden.
At last, however, it came to him that he came to an island
where the people knew nothing of a cock, and did not even
know how to count their time.

Sie wußten wohl, wenn's Morgen oder Abend war, 1.9
aber nachts, wenn sie's nicht verschliefen, wußte
sich keiner aus der Zeit herauszufinden.
They knew when it was morning or evening, but at night,
unless they slept through it, no one knew how to tell the
time.

»Seht.« sprach er, 1.10
"Look." said he,

1.11 »was für ein stolzes Tier, es hat eine rubinrote Krone auf dem Kopf, und trägt Sporen wie ein Ritter; es ruft euch des Nachts dreimal zu bestimmter Zeit an, und wenn's das letzte Mal ruft, so geht die Sonne bald auf.

"what a proud beast he is; he has a ruby-red crown on his head, and wears spurs like a knight; he calls you three times at night at a certain time, and when he calls you the last time, the sun will soon rise.

1.12 Wenn's aber bei hellem Tage ruft, so richtet euch darauf ein, dann giebt's gewiß anderes Wetter.«

But if it calls in broad daylight, prepare yourselves for it, and the weather will certainly be different."

1.13 Den Leuten gefiel das wohl, sie schliefen eine ganze Nacht nicht und hörten mit großer Freude, wie der Hahn um zwei, vier und sechs Uhr laut und vernehmlich die Zeit abrief.

The people liked this very much, they did not sleep for a whole night and heard with great joy how the cock called the time loudly and audibly at two, four and six o'clock.

1.14 Sie fragten ihn, ob das Tier nicht feil wäre und wieviel er dafür verlangte.

They asked him if the animal wasn't for sale and how much he was asking for it.

1.15 »Etwa soviel, als ein Esel Gold trägt.« antwortete er.

"About as much as a donkey wears gold." he replied.

1.16 »Ein Spottgeld für ein so kostbares Tier.«

"A mocking sum for such a precious animal."

1.17 riefen sie insgesamt und gaben ihm gern, was er gefordert hatte.

they shouted altogether and gladly gave him what he had asked for.

Als er mit dem Reichtum heimkam, verwunderten
sich seine Brüder, und der zweite sprach:

2.1

When he came home with the riches, his brothers were
astonished, and the second said,

»So will ich mich doch aufmachen und sehen, ob ich
meine Sense auch so gut losschlagen kann.«

2.2

"I will set out and see if I can get my scythe off as well."

Es hatte aber nicht das Ansehen danach,

2.3

But it didn't look like it,

denn überall begegneten ihm Bauern und hatten so
gut eine Sense auf der Schulter als er.

2.4

because he met farmers everywhere who had as good a
scythe on their shoulders as he did.

Doch zuletzt glückte es ihm auch auf einer Insel, wo
die Leute nichts von einer Sense wußten.

2.5

But in the end he succeeded on an island where the people
knew nothing about a scythe.

Wenn dort das Korn reif war,

2.6

When the grain was ripe there,

so fuhren sie Kanonen vor den Feldern auf und
schossen's herunter.

2.7

they set up cannons in front of the fields and shot it down.

Das war nun ein ungewisses Ding, mancher schoß
drüber hinaus, ein anderer traf statt des Halmes die
Ähren und schoß sie fort, dabei ging viel zu Grunde,
und obendrein gab's einen lästerlichen Lärm.

2.8

Now that was an uncertain thing, some shot over the
top, another hit the ears of corn instead of the stalk and
shot them away, causing much destruction and making a
blasphemous noise to boot.

2.9 Da stellte sich der Mann hin und mähte es so still und so geschwind nieder, daß die Leute Maul und Nase vor Verwunderung aufsperrten.

Then the man stood and mowed it down so quietly and so quickly that the people opened their mouths and noses in astonishment.

2.10 Sie waren willig, ihm dafür zu, geben, was er verlangte, und er bekam ein Pferd, dem war Gold aufgeladen, soviel es tragen konnte.

They were willing to give him what he asked for, and he got a horse loaded with as much gold as it could carry.

3.1 Nun wollte der dritte Bruder seine Katze auch an den rechten Mann bringen.

Now the third brother also wanted to get his cat to the right man.

3.2 Es ging ihm wie den anderen, solange er auf dem festen Lande blieb, war nichts auszurichten, es gab allerorten Katzen, und waren ihrer soviel, daß die neugeborenen Jungen meist im Wasser ersäuft wurden.

He was like the others, as long as he remained on dry land there was nothing to be done, there were cats everywhere, and there were so many of them that the newborn kittens were usually drowned in the water.

Endlich ließ er sich auf eine Insel überschiffen, und es traf sich glücklicherweise, daß dort noch niemals eine gesehen war und doch die Mäuse so überhand genommen hatten, daß sie auf den Tischen und Bänken tanzten, der Hausherr mochte daheim sein oder nicht.

3.3

At last he sailed over to an island, and it was fortunate that there had never been one there before, and yet the mice had got so out of hand that they danced on the tables and benches, whether the landlord was at home or not.

Die Leute jammerten gewaltig über die Plage,

3.4

The people moaned violently about the plague,

der König selbst wußte sich in seinem Schlosse nicht dagegen zu retten:

3.5

and the king himself could not save himself from it in his castle:

in allen Ecken pfiffen Mäuse und zernagten, was sie mit ihren Zähnen nur packen konnten.

3.6

mice whistled in every corner and gnawed at everything they could lay their teeth on.

Da fing nun die Katze ihre Jagd an und hatte bald ein paar Säle gereinigt, und die Leute baten den König, das Wundertier für das Reich zu kaufen.

3.7

So the cat began its hunt and soon had cleaned a few halls, and the people asked the king to buy the wonder animal for the kingdom.

Der König gab gern, was gefordert wurde, das war ein mit Gold beladener Maulesel, und der dritte Bruder kam mit den allergrößten Schätzen heim.

3.8

The king gladly gave what was asked for, which was a mule laden with gold, and the third brother came home with the greatest of treasures.

4.1 Die Katze machte sich in dem königlichen Schlosse mit den Mäusen eine rechte Lust und biß so viele tot, daß sie nicht mehr zu zählen waren.

The cat took a real fancy to the mice in the royal palace and bit so many of them to death that they could no longer be counted.

4.2 Endlich ward ihr von der Arbeit heiß und sie bekam Durst;

At last she grew hot from her work, and was thirsty;

4.3 da blieb sie stehen, drehte den Kopf in die Höhe und schrie,

so she stopped, turned up her head, and cried,

4.4 »Miau, miau.«

"Meow, meow."

4.5 Der König samt allen seinen Leuten, als sie das seltsame Geschrei vernahmen, erschraken und liefen in ihrer Angst sämtlich zum Schloß hinaus.

When the king and all his people heard the strange cry, they were frightened and all ran out of the castle.

4.6 Unten hielt der König Rat, was zu thun das beste wäre; zuletzt ward beschlossen, einen Herold an die Katze abzuschicken und sie aufzufordern, das Schloß zu verlassen, oder zu gewärtigen, daß Gewalt gegen sie gebraucht würde.

Downstairs the king took counsel as to what was best to be done, and at last it was decided to send a herald to the cat and ask it to leave the castle, or be prepared to use force against it.

4.7 Die Räte sagten:

The councillors said:

»Lieber wollen wir uns von den Mäusen plagen
lassen, an das Übel sind wir gewöhnt, als unser Leben
einem solchen Untier preisgeben.« 4.8
"We would rather be plagued by mice, we are used to this
evil, than to expose our lives to such a monster."

Ein Edelknabe mußte hinaufgehen und die Katze
fragen, ob sie das Schloß gutwillig räumen wollte. 4.9
A nobleman had to go up and ask the cat if it would
willingly leave the castle.

Die Katze aber, deren Durst nur noch größer
geworden war, antwortete bloß: 4.10
But the cat, whose thirst had only increased, merely
replied:

»Miau, miau.« Der Edelknabe verstand: 4.11
"Meow, meow." The nobleman understood:

»Durchaus, durchaus nicht.« 4.12
"Absolutely not."

und überbrachte dem König die Antwort. »Nun.« 4.13
and delivered the answer to the king. "Well."

sprachen die Räte, »soll sie der Gewalt weichen.« 4.14
said the councillors, "let her give way to force."

Es wurden Kanonen aufgeführt und das Haus in
Brand geschossen. 4.15
Cannons were brought out and the house was set on fire.

Als das Feuer in den Saal kam, wo die Katze saß,
sprang sie glücklich zum Fenster hinaus; 4.16
When the fire reached the hall where the cat was sitting,
she jumped happily out of the window;

4.17 die Belagerer hörten aber nicht eher auf, als bis das
ganze Schloß in Grund und Boden geschossen war.
but the besiegers did not stop until the whole castle had
been shot to pieces.

Sechse kommen durch die ganze Welt

Sixes come through the Whole World

1.1 **Es war einmal ein Mann, der verstand allerlei Künste:**
There was once a man who understood all sorts of arts:

1.2 **er diente im Kriege, und hielt sich tapfer, aber als der Krieg zu Ende war, bekam er den Abschied und drei Heller Zehrgeld auf den Weg.**
he served in the war, and held his ground bravely, but when the war was over, he was given a farewell and three pennies' wages on the way.

1.3 **»Wart.« sprach er,**
"Wait." he said,

1.4 **»das laß ich mir nicht gefallen, finde ich die rechten Leute, so soll mir der König noch die Schätze des ganzen Landes herausgeben.«**
"I will not put up with this; if I find the right people, the king shall give me the treasures of the whole country."

167

Da ging er voll Zorn in den Wald, und sah einen darin   1.5
stehen, der hatte sechs Bäume ausgerupft, als wären's
Kornhalme.

Then he went into the forest full of anger, and saw one
standing there who had plucked up six trees as if they were
cornstalks.

Sprach er zu ihm,   1.6

He said to him,

»Willst du mein Diener sein und mit mir ziehen?«   1.7

"Will you be my servant and go with me?"

»Ja.« antwortete er,   1.8

"Yes." he replied,

»aber erst will ich meiner Mutter das Wellchen Holz   1.9
heimbringen.«

"but first I will bring my mother the shaft of wood home."

und nahm einen von den Bäumen und wickelte ihn   1.10
um die fünf anderen,

And he took one of the trees and wrapped it round the five
others,

hob die Welle auf die Schulter und trug sie fort.   1.11

lifted the shaft on his shoulder and carried it away.

Dann kam er wieder, und ging mit seinem Herrn, der   1.12
sprach,

Then he came again, and went with his master, who said,

»Wir zwei sollten wohl durch die ganze Welt   1.13
kommen.«

"We two ought to go through the whole world."

168

1.14 Und als sie ein Weilchen gegangen waren, fanden sie einen Jäger, der lag auf den Knien, hatte die Büchse angelegt und zielte.

And when they had gone a little way, they found a hunter on his knees, with his rifle cocked and aiming.

1.15 Sprach der Herr zu ihm: »Jäger, was willst du schießen?«

The master said to him, "Hunter, what do you want to shoot?"

1.16 Er antwortete:

He replied,

1.17 »Zwei Meilen von hier sitzt eine Fliege auf dem Ast eines Eichbaumes,

"There is a fly sitting on the branch of an oak tree two miles from here,

1.18 der will ich das linke Auge herausschießen.«

and I want to shoot out its left eye."

1.19 »O, geh mit mir.« sprach der Mann,

"Oh, go with me." said the man,

1.20 »wenn wir drei zusammen sind,

"if the three of us are together,

1.21 sollten wir wohl durch die ganze Welt kommen.«

we should probably get through the whole world."

Der Jäger war bereit und ging mit ihm, und sie 1.22
kamen zu sieben Windmühlen, deren Flügel trieben
ganz hastig herum, und ging doch links und rechts
kein Wind, und bewegte sich kein Blättchen.

The huntsman was ready and went with him, and they
came to seven windmills, the blades of which were
whirling about very hastily, and yet there was no wind
on either side, and not a leaf moved.

Da sprach der Mann: 1.23

Then the man said,

»Ich weiß nicht, was die Windmühlen treibt, es regt 1.24
sich ja kein Lüftchen.«

"I do not know what drives the windmills, there is not a
breath of wind."

und ging mit seinen Dienern weiter, und als sie zwei 1.25
Meilen fortgegangen waren, sahen sie einen auf
einem Baum sitzen, der hielt das eine Nasenloch zu
und blies aus dem anderen.

and went on with his servants, and when they had gone two
miles they saw one sitting in a tree, holding one nostril shut
and blowing out of the other.

»Mein, was treibst du da oben?« fragte der Mann. 1.26

"My, what are you doing up there?" asked the man.

Er antwortete: 1.27

He answered,

»Zwei Meilen von hier stehen sieben Windmühlen, 1.28
seht, die blase ich an, daß sie laufen.«

"There are seven windmills two miles from here; look, I'm
blowing at them to make them run."

»O, geh mit mir.« sprach der Mann, 1.29

"Oh, go with me." said the man,

1.30 »wenn wir vier zusammen sind,
"if the four of us are together,

1.31 sollten wir wohl durch die ganze Welt kommen.«
we should probably get through the whole world."

1.32 Da stieg der Bläser herab und ging mit, und über eine
Zeit sahen sie einen, der stand da auf einem Bein, und
hatte das andere abgeschnallt und neben sich gelegt.
So the blower came down and went with them, and after a
time they saw one who was standing there on one leg, and
had unstrapped the other and laid it beside him.

1.33 Da sprach der Herr,
Then the master said,

1.34 »Du hast dir's ja bequem gemacht zum Ausruhen.«
"You've made yourself comfortable to rest."

1.35 »Ich bin ein Läufer.« antwortete er,
"I am a runner." he replied,

1.36 »und damit ich nicht gar zu schnell springe,
"and so that I don't jump too fast,

1.37 habe ich mir das eine Bein abgeschnallt;
I have unstrapped one leg;

1.38 wenn ich mit zwei Beinen laufe,
when I run with two legs,

1.39 so geht's geschwinder als ein Vogel fliegt.«
I go faster than a bird flies."

»O, geh mit mir, wenn wir fünf zusammen sind,   1.40
sollten wir wohl durch die ganze Welt kommen.«
"Oh, go with me, when the five of us are together, we
should probably get through the whole world."

Da ging er mit, und gar nicht lange, so begegneten sie   1.41
einem, der hatte ein Hütchen auf, hatte es aber ganz
auf dem einen Ohr sitzen.
So he went with him, and not long afterward they met one
who had a little hat on, but it was all on one ear.

Da sprach der Herr zu ihm: »Manierlich! manierlich!   1.42
Then the master said to him, "Mannerly! Mannerly!

häng deinen Hut doch nicht auf ein Ohr,   1.43
Don't hang your hat on one ear,

du siehst ja aus wie ein Hans Narr.«   1.44
you look like a fool."

»Ich darf's nicht thun.«   1.45
"I must not do so."

sprach der andere, »denn setz' ich meinen Hut gerad,   1.46
so kommt ein gewaltiger Frost und die Vögel unter
dem Himmel erfrieren und fallen tot zur Erde.«
said the other, "for if I put my hat on straight, a violent
frost will come, and the birds under the sky will freeze and
fall dead to the ground."

»O, geh mit mir.« sprach der Herr,   1.47
"O, go with me." said the master,

»wenn wir sechs zusammen sind,   1.48
"if the six of us are together,

1.49 sollten wir wohl durch die ganze Welt kommen.«

we should get through the whole world."

2.1 Nun gingen die sechse in eine Stadt, wo der König hatte bekannt machen lassen, wer mit seiner Tochter um die Wette laufen wollte und den Sieg davontrüge, der sollte ihr Gemahl werden; wer aber verlöre, müßte auch seinen Kopf hergeben.

Now the six of them went to a town where the king had made it known that whoever wanted to race his daughter and won would become her husband, but whoever lost would also have to give up his head.

2.2 Da meldete sich der Mann, und sprach:

Then the man came forward and said:

2.3 »Ich will aber meinen Diener für mich laufen lassen.«

"But I will let my servant run for me."

2.4 Der König antwortete,

The king replied,

2.5 »Dann mußt du auch noch dessen Leben zum Pfand setzen,

"Then you must also pledge his life,

2.6 also daß sein und dein Kopf für den Sieg haften.«

so that his head and yours will be pledged for the victory."

2.7 Als das verabredet und festgemacht war, schnallte der Mann dem Läufer das andere Bein an und sprach zu ihm,

When this was agreed and fixed, the man fastened the runner's other leg and said to him,

2.8 »Nun sei hurtig und hilf, daß wir siegen.«

"Now be quick and help us to win."

Es war aber bestimmt, daß wer am ersten Wasser aus 2.9
einem weit abgelegenen Brunnen brächte, der sollte
Sieger sein.
But it was determined that whoever brought water first
from a well far away would be the winner.

Nun bekam der Läufer einen Krug und die 2.10
Königstochter auch einen, und sie fingen zu gleicher
Zeit zu laufen an;
Now the runner got a pitcher, and the King's daughter got
one too, and they began to run at the same time;

aber in einem Augenblick, als die Königstochter erst 2.11
eine kleine Strecke fort war, konnte den Läufer schon
kein Zuschauer mehr sehen, und es war nicht anders,
als wäre der Wind vorbeigesaust.
but in a moment, when the King's daughter had only gone a
short distance, no spectator could see the runner any more,
and it was as if the wind had rushed past.

In kurzer Zeit langte er bei dem Brunnen an, 2.12
In a short time he arrived at the well,

schöpfte den Krug voll Wasser und kehrte 2.13
wieder um.
drew the jug full of water and turned back.

Mitten aber auf dem Heimwege überkam ihn eine 2.14
Müdigkeit, da setzte er den Krug hin, legte sich
nieder und schlief ein.
But in the middle of the way home he was overcome with
fatigue, so he put the jug down, lay down and fell asleep.

2.15 Er hatte aber einen Pferdeschädel, der da auf der Erde lag, zum Kopfkissen gemacht, damit er hart läge und bald wieder erwachte.

But he had made a horse's skull, which lay there on the ground, into a pillow, so that he would lie hard and soon wake up again.

2.16 Indessen war die Königstochter, die auch gut laufen konnte, so gut es ein gewöhnlicher Mensch vermag, bei dem Brunnen angelangt, und eilte mit ihrem Kruge voll Wasser zurück;

Meanwhile the King's daughter, who could walk as well as an ordinary man could, had reached the well, and hurried back with her jug full of water;

2.17 und als sie den Läufer da liegen und schlafen sah, war sie froh und sprach,

and when she saw the runner lying there asleep, she was glad, and said,

2.18 »Der Feind ist in meine Hände gegeben.«

"The enemy is delivered into my hands."

2.19 leerte seinen Krug aus und sprang weiter.

She emptied his jug and jumped on.

2.20 Nun wäre alles verloren gewesen, wenn nicht zu gutem Glück der Jäger mit seinen scharfen Augen oben auf dem Schloß gestanden und alles mit angesehen hätte.

Now all would have been lost had not the huntsman with his keen eyes stood at the top of the castle and watched everything.

2.21 Da sprach er,

Then he said,

»Die Königstochter soll doch gegen uns nicht   2.22
aufkommen.«

"The king's daughter shall not rise against us."

lud seine Büchse und schoß so geschickt, daß er dem   2.23
Läufer den Pferdeschädel unter dem Kopf wegschoß,
ohne ihm wehe zu thun.

He loaded his rifle and shot so skillfully that he shot the
horse's skull from under the runner's head without hurting
him.

Da erwachte der Läufer, sprang in die Höhe und sah,   2.24
daß sein Krug leer und die Königstochter schon weit
voraus war.

Then the runner woke up, jumped up and saw that his jug
was empty and the king's daughter was already far ahead.

Aber er verlor den Mut nicht, lief mit dem Kruge   2.25
wieder zum Brunnen zurück, schöpfte aufs neue
Wasser und war noch zehn Minuten eher als die
Königstochter daheim.

But he did not lose courage, ran back to the well with the
jug, drew water again, and was home ten minutes sooner
than the King's daughter.

»Seht ihr.« sprach er,   2.26

"You see." he said,

»jetzt hab ich erst die Beine aufgehoben,   2.27

"only now have I picked up my legs,

vorher war's gar kein Laufen zu nennen.«   2.28

before I couldn't even call it walking."

3.1 Den König aber kränkte es, und seine Tochter noch mehr, daß sie so ein gemeiner abgedankter Soldat davontragen sollte;

But it grieved the king, and his daughter still more, that such a vile abdicated soldier should carry her off;

3.2 sie ratschlagten miteinander, wie sie ihn samt seinen Gesellen los würden.

they took counsel together how they might get rid of him and his companions.

3.3 Da sprach der König zu ihr:

Then the king said to her,

3.4 »Ich habe ein Mittel gefunden, laß dir nicht bange sein, sie sollen nicht wieder heimkommen.«

"I have found a means, do not be afraid, they shall not come home again."

3.5 Und sprach zu ihnen:

And he said to them,

3.6 »Ihr sollt euch nun zusammen lustig machen, essen und trinken.«

"You shall now make merry together, and eat and drink."

3.7 und führte sie zu, einer Stube, die hatte einen Boden von Eisen, und die Thüren waren auch von Eisen und die Fenster waren mit eisernen Stäben verwahrt.

and led them to a room which had an iron floor, and the doors were also of iron, and the windows were guarded with iron bars.

3.8 In der Stube war eine Tafel mit köstlichen Speisen besetzt; da sprach der König zu ihnen,

In the room there was a table set with delicious food, and the king said to them,

»Geht hinein und laßt's euch wohl sein.«   3.9
"Go in and enjoy yourselves."

Und wie sie darinnen waren,   3.10
And when they were inside,

ließ er die Thür verschließen und verriegeln.   3.11
he had the door shut and bolted.

Dann ließ er den Koch kommen und befahl ihm, ein   3.12
Feuer so lange unter die Stube zu machen, bis das
Eisen glühend würde.
Then he sent for the cook and ordered him to build a fire
under the room until the iron became red-hot.

Das that der Koch, und es fing an und ward den   3.13
sechsen in der Stube während sie an der Tafel saßen,
ganz warm, und sie meinten, das käme vom Essen;
This the cook did, and it began, and the six in the parlor
became quite warm while they sat at the table, and they
thought it was from the food;

als aber die Hitze immer größer ward und sie hinaus   3.14
wollten, Thür und Fenster aber verschlossen fanden,
da merkten sie, daß der König Böses im Sinne gehabt
hatte und sie ersticken wollte.
but when the heat increased and they wanted to go out, but
found the door and window locked, they realized that the
King had evil in mind and wanted to suffocate them.

»Es soll ihm aber nicht gelingen.«   3.15
"But he shall not succeed."

sprach der mit dem Hütchen,   3.16
said he with the little hat,

»ich will einen Frost kommen lassen,   3.17
"I will let a frost come,

178

3.18 vor dem sich das Feuer schämen und verkriechen soll.«

before which the fire shall be ashamed and creep away."

3.19 Da setzte er sein Hütchen gerade, und alsobald fiel ein Frost, daß alle Hitze verschwand und die Speisen auf den Schüsseln, anfingen zu frieren.

So he set his little hat straight, and at once a frost fell, so that all the heat disappeared, and the food on the dishes began to freeze.

3.20 Als nun ein paar Stunden herum waren und der König glaubte, sie wären in der Hitze verschmachtet, ließ er die Thür öffnen und wollte selbst nach ihnen sehen.

When a few hours had passed, and the King thought they had languished in the heat, he ordered the door to be opened, and went to see them himself.

3.21 Aber wie die Thür aufging, standen sie alle sechse da, frisch und gesund, und sagten, es wäre ihnen lieb, daß sie heraus könnten, sich zu wärmen, denn bei der großen Kälte in der Stube frören die Speisen an den Schüsseln fest.

But when the door opened, all six of them were standing there, fresh and healthy, and said they would be glad if they could get out to warm themselves, for the food was sticking to the dishes in the very cold room.

3.22 Da ging der König voll Zorn hinab zu dem Koch, schalt ihn und fragte, warum er nicht gethan hätte, was ihm wäre befohlen worden.

Then the king went down to the cook in a rage, scolded him, and asked why he had not done as he was commanded.

3.23 Der Koch aber antwortete: »Es ist Glut genug da,

But the cook replied, "There are plenty of embers,

seht nur selbst.« Da sah der König, daß ein gewaltiges.   3.24

just see for yourself." Then the king saw that a mighty.

Feuer unter der Eisenstube brannte und merkte, daß er den sechsen auf diese Weise nichts anhaben könnte.   3.25

The king saw that a huge fire was burning under the iron room and realized that he could not harm the six of them in this way.

Nun sann der König aufs neue, wie er der bösen Gäste los würde, ließ den Meister kommen und sprach: 4.1

Now the king pondered anew how he could get rid of the evil guests, sent for the master and said,

»Willst du Gold nehmen, und dein Recht auf meine Tochter aufgeben, so sollst du haben soviel du willst.«   4.2

"If you want to take gold and give up your right to my daughter, you shall have as much as you want."

»O ja, Herr König.« antwortete er,   4.3

"Oh yes, my lord king." he replied,

»gebt mir soviel als mein Diener tragen kann,   4.4

"give me as much as my servant can carry,

so verlange ich Eure Tochter nicht.«   4.5

and I will not ask for your daughter."

Das war der König zufrieden, und jener sprach weiter,   4.6

The king was satisfied, and he said further,

4.7 »So will ich in vierzehn Tagen kommen und es holen.«

"I will come and fetch it in two weeks."

4.8 Daraus rief er alle Schneider aus dem ganzen Reich herbei,

Then he summoned all the tailors from the whole kingdom,

4.9 die mußten vierzehn Tage lang sitzen und einen Sack nähen.

and they had to sit for two weeks and sew a sack.

4.10 Und als er fertig war, mußte der Starke, welcher Bäume ausrupfen konnte, den Sack auf die Schulter nehmen und mit ihm zu dem König gehen.

And when he had finished, the strong man who could pluck out trees had to take the sack on his shoulder and go with it to the king.

4.11 Da sprach der König:

Then the king said,

4.12 »Was ist das für ein gewaltiger Kerl, der den hausgroßen Ballen Leinwand auf der Schulter trägt?«

"What is this mighty fellow who is carrying the bale of canvas, the size of a house, on his shoulder?"

4.13 erschrak und dachte,

He was frightened and thought,

4.14 »Was wird der für Gold wegschleppen!«

"What kind of gold will he carry away!"

Da hieß er eine Tonne Gold herbringen, die mußten   4.15
sechzehn der stärksten Männer tragen, aber der
Starke packte sie mit einer Hand, steckte sie in den
Sack und sprach,

Then he ordered a ton of gold to be brought, which sixteen
of the strongest men had to carry, but the strong man
grabbed it with one hand, put it in the sack and said,

»Warum bringt ihr nicht gleich mehr,   4.16

"Why don't you bring more,

das deckt ja kaum den Boden.«   4.17

it barely covers the ground."

Da ließ der König nach und nach seinen ganzen   4.18
Schatz herbeitragen, den schob der Starke in den
Sack hinein, und der Sack ward davon noch nicht zur
Hälfte voll.

Then the king had all his treasure brought in little by little,
which the strong man pushed into the sack, and the sack
was not yet half full.

»Schafft mehr herbei.« rief er,   4.19

"Bring more." he shouted,

»die paar Brocken füllen nicht.«   4.20

"the few lumps won't fill it."

Da mußten noch siebentausend Wagen mit Gold in   4.21
dem ganzen Reiche zusammengefahren werden; die
schob der Starke samt den vorgespannten Ochsen in
seinen Sack.

There were still seven thousand wagons of gold to be
collected from all over the kingdom, which the strong
man pushed into his sack together with the harnessed
oxen.

4.22 »Ich will's nicht lange besehen.« sprach er,
"I will not look at it long." he said,

4.23 »und nehmen was kommt, damit der Sack nur voll wird.«
"and take what comes, so that the sack may be full."

4.24 Wie alles darin stak, ging doch noch viel hinein, da sprach er:
As everything was in the sack, there was still a lot left in it, so he said,

4.25 »Ich will dem Ding nur ein Ende machen, man bindet wohl einmal einen Sack zu, wenn er auch noch nicht voll ist.«
"I'll just put an end to it, you can tie up a sack once, even if it's not yet full."

4.26 Dann huckte er ihn auf den Rücken und ging mit seinen Gesellen fort.
Then he hoisted it on his back and left with his companions.

5.1 Als der König nun sah, wie der einzige Mann des ganzen Landes Reichtum forttrug, ward er zornig und ließ seine Reiterei aufsitzen, die sollten den sechsen nachjagen, und hatten Befehl, dem Starken den Sack wieder abzunehmen.
When the king saw how the only man in the whole country was carrying off wealth, he became angry and had his cavalry mounted to chase after the six and ordered them to take the sack back from the strong man.

5.2 Zwei Regimenter holten sie bald ein, und riefen ihnen zu:
Two regiments soon caught up with them and shouted:

»Ihr seid Gefangene, legt den Sack mit dem Gold nieder, oder ihr Werdet zusammengehauen.«   5.3

"You are prisoners, put down the sack of gold or you will be beaten up."

»Was sagt ihr?« sprach der Bläser, »wir wären Gefangene?   5.4

"What do you say?" said the wind player, "we are prisoners?

Eher sollt ihr sämtlich in der Luft herumtanzen.«   5.5

Rather you should all dance around in the air."

hielt das eine Nasenloch zu und blies mit dem anderen die beiden Regimenter an, da fuhren sie auseinander und in die blaue Luft über alle Berge weg, der eine hierhin, der andere dorthin.   5.6

He held one nostril shut and blew at the two regiments with the other, and they flew apart and off into the blue air over all the mountains, one here, the other there.

Ein Feldwebel rief um Gnade, er hätte neun Wunden und wäre ein braver Kerl, der den Schimpf nicht verdiente.   5.7

A sergeant called for mercy, saying he had nine wounds and was a good fellow who did not deserve the scolding.

Da ließ der Bläser ein wenig nach, sodaß er ohne Schaden wieder herabkam, dann sprach er zu ihm: 5.8

At this the soldier subsided a little, so that he came down again without harm, and then he said to him,

»Nun geh heim zum König und sag, er sollte nur noch mehr Reiterei schicken, ich wollte sie alle in die Luft blasen.«   5.9

"Now go home to the king and tell him to send more cavalry, I wanted to blow them all up."

5.10 Der König, als er den Bescheid vernahm, sprach,

The king, when he heard the news, said,

5.11 »Laßt die Kerle gehen, die haben etwas an sich.«

"Let the fellows go, they have something on them."

5.12 Da brachten die sechs den Reichtum heim, teilten ihn unter sich und lebten vergnügt bis an ihr Ende.

So the six brought the wealth home, divided it among themselves, and lived happily ever after.

Der Wolf und der Mensch

The Wolf and Man

1.1 Der Fuchs erzählte einmal dem Wolf von der Stärke
des Menschen, kein Tier könnte ihm widerstehen,
und sie müßten List gebrauchen, um sich vor ihm zu
erhalten.

The fox once told the wolf about the strength of man,
that no animal could resist him and that they had to use
cunning to protect themselves from him.

1.2 Da antwortete der Wolf:

The wolf replied:

1.3 »Wenn ich nur einmal einen Menschen zu sehen
bekäme,

"If I could only see a human once,

1.4 ich wollte doch auf ihn losgehen.«

I would want to attack him."

1.5 »Dazu kann ich dir helfen.« sprach der Fuchs,

"I can help you with that." said the fox,

»komm nur morgen früh zu mir, so will ich dir einen zeigen.« 1.6
"just come to me tomorrow morning and I will show you one."

Der Wolf stellte sich frühzeitig ein, und der Fuchs brachte ihn hinaus auf den Weg, den der Jäger alle Tage ging. 1.7
The wolf turned up early, and the fox took him out on the path that the hunter took every day.

Zuerst kam ein alter abgedankter Soldat. 1.8
First came an old abdicated soldier.

»Ist das ein Mensch?« fragte der Wolf. »Nein.« 1.9
"Is that a man?" asked the wolf. "No."

antwortete der Fuchs, »das ist einer gewesen.« 1.10
replied the fox, "that was one."

Danach kam ein kleiner Knabe, der zur Schule wollte. 1.11
Then came a little boy who wanted to go to school.

»Ist das ein Mensch?« 1.12
"Is that a human?"

»Nein, das will erst einer werden.« 1.13
"No, it wants to become one first."

Endlich kam der Jäger, die Doppelflinte auf dem Rücken und den Hirschfänger an der Seite. 1.14
Finally, the hunter arrived, double-barrelled shotgun on his back and deerstalker at his side.

Sprach der Fuchs zum Wolf: 1.15
The fox said to the wolf:

1.16 »Siehst du, dort kommt ein Mensch, auf den mußt du losgehen, ich aber will mich fort in meine Höhle machen.«

"You see, there's a man coming, you have to go after him, but I want to go back to my cave."

1.17 Der Wolf ging nun auf den Menschen los, der Jäger, als er ihn erblickte, sprach,

The wolf now went after the man, and the hunter, when he saw him, said,

1.18 »Es ist schade, daß ich keine Kugel geladen habe.«

"It is a pity I have not loaded a bullet."

1.19 legte an und schoß dem Wolf das Schrot ins Gesicht.

and shot the shot in the wolf's face.

1.20 Der Wolf verzog das Gesicht gewaltig,

The wolf's face contorted violently,

1.21 doch ließ er sich nicht schrecken und ging vorwärts;

but he was not frightened and went forward;

1.22 da gab ihm der Jäger die zweite Ladung.

then the hunter gave him the second load.

1.23 Der Wolf verbiß den Schmerz und rückte dem Jäger zu Leibe; da zog dieser seinen blanken Hirschfänger und gab ihm links und rechts ein paar Hiebe, daß er über und über blutend, mit Geheul zu dem Fuchs zurücklief.

The wolf forgot the pain, and advanced towards the huntsman, who drew his bright deerstalker, and gave him a few blows left and right, so that he ran back to the fox, bleeding all over, and howling.

1.24 »Nun, Bruder Wolf.« sprach der Fuchs,

"Well, brother wolf." said the fox,

»wie bist du mit dem Menschen fertig geworden?« 1.25
"how did you get on with the man?"

»Ach.« antwortete der Wolf, 1.26
"Ah." replied the wolf,

»so hab ich mir die Stärke des Menschen nicht 1.27
vorgestellt, erst nahm er einen Stock von der
Schulter und blies hinein, da flog mir etwas ins
Gesicht, das hat mich ganz entsetzlich gekitzelt;
danach pustete er noch einmal in den Stock, da flog
mir's um die Nase wie Blitz und Hagelwetter, und
wie ich ganz nahe war, da zog er eine blanke Rippe
aus dem Leib, damit hat er so auf mich losgeschlagen,
daß ich beinahe tot wäre liegen geblieben.«
"I did not imagine the strength of the man to be like that;
first he took a stick from his shoulder, and blew into it, and
something flew into my face, which tickled me horribly;
then he blew into the stick again, and it flew round my nose
like lightning and hailstones, and when I was very near, he
pulled a bare rib out of his body, with which he struck me
so hard that I almost lay dead."

»Siehst du.« sprach der Fuchs, 1.28
"You see." said the fox,

»was du für ein Prahlhans bist; 1.29
"what a braggart you are;

du wirfst das Beil so weit, daß du's nicht wieder holen 1.30
kannst.«
you throw the axe so far that you can't fetch it again."

Der Wolf und der Fuchs

The Wolf and the Fox

1.1 Der Wolf hatte den Fuchs bei sich, und was der Wolf wollte, das mußte der Fuchs thun, weil er der schwächste war, und der Fuchs wäre gern des Herrn los gewesen.

The wolf had the fox with him, and what the wolf wanted, the fox had to do, because he was the weakest, and the fox would gladly have been rid of his master.

1.2 Es trug sich zu, daß sie beide durch den Wald gingen, da sprach der Wolf:

It so happened that they were both walking through the forest, when the wolf said,

1.3 »Rotfuchs, schaff mir was zu fressen, oder ich fresse dich selber auf.«

"Red fox, get me something to eat, or I will eat you myself."

1.4 Da antwortete der Fuchs:

The fox replied:

»Ich weiß einen Bauernhof, wo ein paar junge Lämmlein sind, hast du Lust, so wollen wir eins holen.«

1.5

"I know a farm where there are some young lambs, if you feel like it, let's go and get one."

Dem Wolf war das recht, sie gingen hin, und der Fuchs stahl das Lämmlein, brachte es dem Wolf und machte sich fort.

1.6

That was fine with the wolf, they went there and the fox stole the lamb, brought it to the wolf and left.

Da fraß es der Wolf auf, war aber damit noch nicht zufrieden, sondern wollte das andere dazu haben und ging es holen.

1.7

Then the wolf ate it, but was not satisfied with it, but wanted the other one and went to fetch it.

Weil er es aber so ungeschickt machte, ward es die Mutter vom Lämmlein gewahr und fing an entsetzlich zu schreien und zu bläen, daß die Bauern herbeigelaufen kamen.

1.8

But because he did it so clumsily, the lamb's mother became aware of it and began to scream and bawl so terribly that the peasants came running.

Da fanden sie den Wolf und schlugen ihn so erbärmlich, daß er hinkend und heulend bei dem Fuchs ankam.

1.9

Then they found the wolf and beat him so miserably that he came limping and howling to the fox.

»Du hast mich schön angeführt.« sprach er,

1.10

"You have led me beautifully." he said,

»ich wollte das andere Lamm holen,

1.11

"I wanted to fetch the other lamb,

1.12 da haben mich die Bauern erwischt und haben mich weich geschlagen.«

but the farmers caught me and beat me softly."

1.13 Der Fuchs antwortete: »Warum bist du so ein Nimmersatt.«

The fox replied: "Why are you such a glutton."

2.1 Am anderen Tage gingen sie wieder ins Feld, sprach der gierige Wolf abermals:

The next day they went back into the field and the greedy wolf said again:

2.2 »Rotfuchs, schaff mir was zu fressen, oder ich fresse dich selber auf.«

"Red fox, get me something to eat or I'll eat you myself."

2.3 Da antwortete der Fuchs:

The fox replied:

2.4 »Ich weiß ein Bauernhaus, da bäckt die Frau heute abend Pfannkuchen, wir wollen uns davon holen.«

"I know a farmhouse where the woman is baking pancakes tonight, let's go and get some."

2.5 Sie gingen hin, und der Fuchs schlich ums Haus herum, guckte und schnupperte so lange, bis er ausfindig machte, wo die Schüssel stand, zog dann sechs Pfannkuchen herab und brachte sie dem Wolf.

They went there and the fox crept around the house, looked and sniffed until he found where the bowl was, then pulled down six pancakes and brought them to the wolf.

3.1 »Da hast du zu fressen.«

"There's something for you to eat."

sprach er zu ihm und ging seiner Wege.

3.2

he said to him and went his way.

Der Wolf hatte die Pfannkuchen in einem Augenblick hinuntergeschluckt und sprach,

3.3

The wolf had swallowed the pancakes in an instant and said,

»Sie schmecken nach mehr.«

3.4

"They taste like more."

ging hin und riß geradezu die ganze Schüssel herunter, daß sie in Stücke zersprang.

3.5

He went and tore down the whole bowl so that it burst into pieces.

Da gab's einen gewaltigen Lärm, daß die Frau herauskam, und als sie den Wolf sah, rief sie die Leute, die eilten herbei und schlugen ihn was Zeug wollte halten, daß er mit zwei lahmen Beinen laut heulend zum Fuchs in den Wald hinauskam.

3.6

Then there was a great noise, so that the woman came out, and when she saw the wolf, she called the people, who rushed up and beat him so badly that he came out into the forest with two lame legs, howling loudly to the fox.

»Was hast du mich garstig angeführt!« rief er,

3.7

"What a nasty thing you have done to me!" he cried,

»die Bauern haben mich erwischt und mir die Haut gegerbt.«

3.8

"the peasants have caught me and tanned my skin."

Der Fuchs aber antwortete:

3.9

But the fox replied:

3.10 »Warum bist du so ein Nimmersatt.«

"Why are you such a glutton."

4.1 Am dritten Tage, als sie beisammen draußen waren, und der Wolf mit Mühe nur forthinkte, sprach er doch wieder:

On the third day, when they were out together and the wolf was only limping along with difficulty, he said again:

4.2 »Rotfuchs, schaff mir was zu fressen, oder ich fresse dich selber auf.«

"Red fox, get me something to eat or I'll eat you myself."

4.3 Der Fuchs antwortete:

The fox replied:

4.4 »Ich weiß einen Mann, der hat geschlachtet, und das gesalzene Fleisch liegt in einem Faß im Keller, das wollen wir holen.«

"I know a man who has slaughtered a man, and the salted meat is in a barrel in the cellar, we want to get it."

4.5 Sprach der Wolf:

The wolf said,

4.6 »Aber ich will gleich mitgehen, damit du mir hilfst, wenn ich nicht fort kann.«

"But I want to go with you right away so that you can help me if I can't leave."

4.7 »Meinetwegen.«

"As far as I'm concerned."

sagte der Fuchs, und zeigte ihm die Schliche und Wege, auf welchen sie endlich in den Keller gelangten.

4.8

said the fox, and showed him the ways and means by which they finally reached the cellar.

Da war nun Fleisch im Überfluß, und der Wolf machte sich gleich daran und dachte,

4.9

There was plenty of meat there, and the wolf set to work at once, thinking,

»Bis ich aufhöre, hat's Zeit.«

4.10

"There's time before I stop."

Der Fuchs ließ sich's auch gut schmecken, blickte überall herum, lief aber oft zu dem Loch, durch welches sie gekommen waren und versuchte, ob sein Leib noch schmal genug wäre, durchzuschlüpfen.

4.11

The fox also enjoyed it, looked all around, but often ran to the hole through which they had come and tried to see if his body was still narrow enough to slip through.

Sprach der Wolf:

4.12

Said the wolf:

»Lieber Fuchs, sag mir, warum rennst du so hin und her und springst hinaus und herein?«

4.13

"Dear fox, tell me, why are you running to and fro and jumping in and out?"

»Ich muß doch sehen, ob niemand kommt.« antwortete der Listige,

4.14

"I have to see if no one is coming." replied the cunning one,

»friß nur nicht zu viel.« Da sagte der Wolf,

4.15

"just don't eat too much." Then the wolf said,

4.16 »Ich gehe nicht eher fort, als bis das Faß leer ist.«
"I won't leave until the barrel is empty."

4.17 Indem kam der Bauer, der den Lärm von des Fuchses Sprüngen gehört hatte, in den Keller.
Then the farmer, who had heard the noise of the fox's leaps, came into the cellar.

4.18 Der Fuchs, wie er ihn sah, war mit einem Satz zum Loch draußen;
The fox, as he saw him, was out of the hole in one leap;

4.19 der Wolf wollte nach, aber er hatte sich so dick gefressen, daß er nicht mehr durch konnte, sondern stecken blieb.
the wolf wanted to follow, but he had gorged himself so thickly that he could no longer get through, but got stuck.

4.20 Da kam der Bauer mit einem Knüppel und schlug ihn tot.
Then the farmer came with a club and beat him to death.

4.21 Der Fuchs aber sprang in den Wald und war froh, daß er den alten Nimmersatt los war.
But the fox jumped into the forest and was glad to be rid of the old glutton.

Der Fuchs und die Frau Gevatterin

The Fox and the Lady Godmother

1.1 **Die Wölfin brachte ein Junges zur Welt und ließ den Fuchs zu Gevatter einladen.**

The she-wolf gave birth to a cub and invited the fox to be her godfather.

1.2 **»Er ist doch nahe mit uns verwandt.« sprach sie,**

"He is closely related to us." she said,

1.3 **»hat einen guten Verstand und viel Geschicklichkeit,**

"he has a good mind and a lot of skill,

1.4 **er kann mein Söhnlein unterrichten und ihm in der Welt forthelfen.«**

he can teach my little son and help him along in the world."

1.5 **Der Fuchs erschien auch ganz ehrbar und sprach:**

The fox also appeared quite respectable and said,

»Liebwerte Frau Gevatterin, ich danke Euch für die 1.6
Ehre, die Ihr mir erzeigt, ich will mich aber auch so
halten, daß Ihr Eure Freude daran haben sollt.«

"Dear madam, I thank you for the honor you have done me,
but I will also behave in such a way that you shall enjoy it."

Bei dem Fest ließ er sich's schmecken und machte 1.7
sich ganz lustig, hernach sagte er:

At the feast he enjoyed himself and made himself very
merry, and afterwards he said,

»Liebe Frau Gevatterin, es ist unsere Pflicht, für das 1.8
Kindlein zu sorgen, Ihr müßt gute Nahrung haben,
damit es auch zu Kräften kommt.

"Dear madam, it is our duty to take care of the little child,
you must have good food so that it can also gain strength.

Ich weiß einen Schafstall, woraus wir leicht ein gutes 1.9
Stück holen können.«

I know a sheepfold from which we can easily get a good
piece."

Der Wölfin gefiel das Liedlein, 1.10

The she-wolf liked the little song,

und sie ging mit dem Fuchs hinaus nach dem 1.11
Bauernhof.

and she went out to the farm with the fox.

Er zeigte ihr den Stall aus der Ferne und sprach: 1.12

He showed her the barn from a distance and said,

»Dort werdet Ihr ungesehen hineinkriechen können, 1.13
ich will mich derweil auf der anderen Seite umsehen,
ob ich etwa ein Hühnlein erwische.«

"You will be able to crawl in there without being seen, but I
will have a look around on the other side to see if I can catch
a chicken."

1.14 Er ging aber nicht hin, sondern ließ sich am Eingang des Waldes nieder, streckte die Beine und ruhte sich.

But he did not go there, but settled down at the entrance to the forest, stretched his legs and rested.

1.15 Die Wölfin kroch in den Stall, da lag ein Hund und machte Lärm, sodaß die Bauern gelaufen kamen, die Frau Gevatterin ertappten und eine scharfe Lauge von ungebrannter Asche über ihr Fell gossen.

The she-wolf crept into the barn, where a dog was lying and making a noise, so that the peasants came running, caught her, and poured a sharp lye of unburnt ashes over her coat.

1.16 Endlich entkam sie doch und schleppte sich hinaus;

At last she escaped, and dragged herself out;

1.17 da lag der Fuchs, that ganz kläglich und sprach,

and there lay the fox, looking very miserable, and saying,

1.18 »Ach, liebe Frau Gevatterin, wie ist mir's schlimm ergangen!

"Oh, dear madam, how badly I have fared!

1.19 die Bauern haben mich überfallen und mir alle Glieder zerschlagen, wenn Ihr nicht wollt, daß ich auf dem Platz liegen bleiben und verschmachten soll, so müßt Ihr mich forttragen.«

the peasants have attacked me, and broken all my limbs; if you do not wish me to lie in the square and die of hunger, you must carry me away."

Die Wölfin konnte selbst nur langsam fort, doch hatte sie große Sorge für den Fuchs, daß sie ihn auf ihren Rücken nahm, und den ganz gesunden und heilen Gevatter langsam bis zu ihrem Hause trug. 1.20

The she-wolf could only go slowly herself, but she was so anxious for the fox that she took him on her back, and carried the quite healthy and whole father slowly to her house.

Da rief er ihr zu: 1.21

Then he called out to her,

»Lebt wohl, liebe Frau Gevatterin, und laßt Euch den Braten wohl bekommen.« 1.22

"Farewell, dear madam, and let the roast meat go well with you."

lachte sie gewaltig aus und sprang fort. 1.23

She laughed out loud and jumped away.

Der Fuchs und die Katze

The Fox and the Cat

1.1 Es trug sich zu, daß die Katze in einem Walde dem Herrn Fuchs begegnete, und weil sie dachte: »Er ist gescheit und wohlerfahren, und gilt viel in der Welt, so sprach sie ihm freundlich zu.

It happened that the cat met Mr. Fox in a wood, and because she thought, "He is clever and well experienced, and has a good reputation in the world" she spoke to him kindly.

1.2 »Guten Tag, lieber Herr Fuchs, wie geht's, wie steht's?

"Good day, dear Mr. Fox, how are you, how are things?

1.3 Wie schlagt ihr Euch durch in dieser teuren Zeit?«

How are you getting by in these expensive times?"

1.4 Der Fuchs, alles Hochmuts voll, betrachtete die Katze von Kopf bis zu Füßen und wußte lange nicht, ob er eine Antwort geben sollte.

The fox, full of pride, looked at the cat from head to toe and did not know for a long time whether he should give an answer.

Endlich sprach er: 1.5

At last he said,

»O du armseliger Bartputzer, du buntscheckiger Narr, 1.6
du Hungerleider und Mäusejäger, was kommt dir in
den Sinn?

"Oh, you miserable beard-cleaner, you motley-cheeked
fool, you starving and mouse-hunter, what comes into your
head?

Du unterstehst dich zu fragen, wie mir's gehe? 1.7

You have the audacity to ask how I am?

Was hast du gelernt? Wie viel Künste verstehst du?« 1.8

What have you learned? How many arts do you
understand?"

»Ich verstehe nur eine einzige.« 1.9

"I understand only one."

antwortete bescheidentlich die Katze. 1.10

answered the cat modestly.

»Was ist das für eine Kunst?« fragte der Fuchs. 1.11

"What art is that?" asked the fox.

»Wenn die Hunde hinter mir her sind, 1.12

"When the dogs are after me,

so kann ich auf einen Baum springen und mich 1.13
retten.«

I can jump up a tree and save myself."

»Ist das alles?« sagte der Fuchs, 1.14

"Is that all?" said the fox,

1.15 »ich bin Herr über hundert Künste und habe überdies noch einen Sack voll Liste.

"I am master of a hundred arts and have a sack full of lists to boot.

1.16 Du jammerst mich, komm mit mir, ich will dich lehren wie man den Hunden entgeht.«

You are whining at me, come with me, I will teach you how to avoid the hounds."

1.17 Indem kam ein Jäger mit vier Hunden daher.

Then a hunter came along with four dogs.

1.18 Die Katze sprang behend auf einen Baum und setzte sich in den Gipfel,

The cat nimbly jumped up a tree and sat down in the top,

1.19 wo Äste und Laubwerk sie völlig verbargen.

where branches and foliage completely hid her.

1.20 »Bindet den Sack auf, Herr Fuchs, bindet den Sack auf.«

"Untie the sack, Mr. Fox, untie the sack."

1.21 rief ihm die Katze zu,

the cat called to him,

1.22 aber die Hunde hatten ihn schon gepackt und hielten ihn fest.

but the dogs had already grabbed him and were holding him down.

1.23 »Ei, Herr Fuchs.« rief die Katze,

"Egg, Mr. Fox." cried the cat,

1.24 »Ihr bleibt mit Euern hundert Künsten stecken.

"you are stuck with your hundred tricks.

Hättet Ihr heraufkriechen können wie ich,   1.25
If you could have crawled up like me,

so wär's nicht um Euer Leben geschehen.«   1.26
you wouldn't have lost your life."

Die Nelke

The Carnation

1.1 Es war eine Königin, die hatte unser Herrgott verschlossen, daß sie keine Kinder gebar.

There was a queen whom our Lord God had shut up so that she bore no children.

1.2 Da ging sie alle Morgen in den Garten und bat zu Gott im Himmel, er möchte ihr einen Sohn oder eine Tochter bescheren.

So every morning she went into the garden and asked God in heaven to give her a son or a daughter.

1.3 Da kam ein Engel vom Himmel und sprach:

Then an angel came from heaven and said:

1.4 »Gieb dich zufrieden, du sollst einen Sohn haben mit wünschlichen Gedanken, denn was er sich wünscht auf der Welt, das wird er erhalten.«

"Be content, you shall have a son with desirable thoughts, for what he desires in the world he will receive."

207

Sie ging, zum König und sagte ihm die fröhliche
Botschaft, und als die Zeit herum war, gebar sie einen
Sohn, und der König war in großer Freude.

She went to the king and told him the happy news, and
when the time was up, she gave birth to a son, and the king
was in great joy.

Nun ging sie alle Morgen mit dem Kind in den
Tiergarten und wusch sich da bei einem klaren
Brunnen.

Now every morning she went with the child to the zoo and
washed herself there by a clear well.

Es geschah einstmals, als das Kind schon ein wenig
älter war, daß es ihr auf dem Schoß lag und sie
entschlief.

It happened once, when the child was a little older, that it
lay on her lap and she fell asleep.

Da kam der alte Koch, der wußte, daß das Kind
wünschliche Gedanken hatte, und raubte es, und
nahm ein Huhn und zerriß es, und tropfte ihr das
Blut auf die Schürze und das Kleid.

Then came the old cook, who knew that the child was
thinking wishful thoughts, and robbed her, and took a
chicken and tore it up, and dripped the blood on her apron
and dress.

Da trug er das Kind fort an einen verborgenen Ort,
wo es eine Amme tränken mußte, und lief zum König
und klagte die Königin an, sie habe ihr Kind von den
wilden Tieren rauben lassen.

Then he carried the child away to a hidden place, where a
nurse had to water it, and ran to the king and accused the
queen of having had her child stolen by the wild beasts.

2.5 Und als der König das Blut an der Schürze sah,
glaubte er es und geriet in einen solchen Zorn,
daß er einen tiefen Turm bauen ließ, in den weder
Sonne noch Mond schien, und ließ seine Gemahlin
hineinsetzen und vermauern;

And when the king saw the blood on the apron, he believed
it and became so angry that he had a deep tower built into
which neither sun nor moon shone, and had his wife put
into it and walled it up;

2.6 da sollte sie sieben Jahre sitzen, ohne Essen und
Trinken, und sollte verschmachten.

there she was to sit for seven years without food or drink,
and was to pine away.

2.7 Aber Gott schickte zwei Engel vom Himmel in Gestalt
von weißen Tauben, die mußten täglich zweimal zu
ihr fliegen und ihr das Essen bringen, bis die sieben
Jahre herum waren.

But God sent two angels from heaven in the form of white
doves, who had to fly to her twice a day and bring her food
until the seven years were up.

3.1 Der Koch aber dachte bei sich,

But the cook thought to himself,

3.2 »Hat das Kind wünschliche Gedanken und ich bin
hier,

"If the child has wishful thoughts and I am here,

3.3 so könnte es mich leicht ins Unglück bringen.«

he could easily bring me into misfortune."

Da machte er sich vom Schloß weg und ging zu dem
Knaben, der war schon so groß, daß er sprechen
konnte und sagte zu ihm:

3.4

So he left the castle and went to the boy, who was already so
tall that he could speak, and said to him,

»Wünsche dir ein schönes Schloß mit einem Garten
und was dazu gehört.«

3.5

"Wish for a beautiful castle with a garden and everything
that goes with it."

Und kaum waren die Worte aus dem Munde des
Knaben, so stand alles da, was er gewünscht hatte.

3.6

And as soon as the words were out of the boy's mouth,
everything he had wished for was there.

Über eine Zeit sprach der Koch zu ihm:

3.7

After a time the cook said to him,

»Es ist nicht gut, daß du so allein bist, wünsche dir
eine schöne Jungfrau zur Gesellschaft.«

3.8

"It is not well that thou shouldst be so alone; wish thee a
beautiful maiden for company."

Da wünschte sie der Königssohn herbei, und sie stand
gleich vor ihm, und war so schön, wie sie kein Maler
malen konnte.

3.9

Then the King's son wished her to come, and she stood
before him in a moment, and was as beautiful as no painter
could paint her.

Nun spielten sie beide zusammen und hatten sich von
Herzen lieb,

3.10

Now they both played together and loved each other dearly,

3.11 und der alte Koch ging auf die Jagd wie ein vornehmer Mann.

and the old cook went hunting like a gentleman.

3.12 Es kam ihm aber der Gedanke, der Königssohn könnte einmal wünschen bei seinem Vater zu sein und ihn damit in große Not bringen.

But the thought occurred to him that the king's son might one day wish to be with his father and thus cause him great distress.

3.13 Da ging er hinaus, nahm das Mädchen beiseite und sprach:

So he went out, took the maiden aside, and said,

3.14 »Diese Nacht, wenn der Knabe schläft, so geh an sein Bett und stoß ihm das Messer ins Herz, und bring mir Herz und Zunge von ihm;

"This night, when the boy is asleep, go to his bedside, and thrust the knife into his heart, and bring me his heart and tongue;

3.15 und wenn du das nicht thust,

and if thou dost not do this,

3.16 so sollst du dein Leben verlieren.«

thou shalt lose thy life."

3.17 Darauf ging er fort, und als er am anderen Tage wieder kam, so hatte sie es nicht gethan und sprach:

Then he went away, and when he returned the next day, she had not done so, and said,

3.18 »Was soll ich ein unschuldiges Blut ums Leben bringen, das noch niemand beleidigt hat?«

"Why should I kill an innocent blood that no one has yet offended?"

Sprach der Koch wieder: »Wo du es nicht thust,   3.19
The cook said again, "If you do not do it,

so kostet dich's selbst dein Leben.«   3.20
it will cost you your own life."

Als er weggegangen war, ließ sie sich eine kleine   3.21
Hirschkuh herbeiholen und ließ sie schlachten, und
nahm Herz und Zunge, und legte sie auf einen Teller,
und als sie den Alten kommen sah, sprach sie zu dem
Knaben,
When he had gone away, she sent for a little hind, and had
it butchered, and took its heart and tongue, and laid them
on a dish, and when she saw the old man coming, she said
to the boy,

»Leg dich ins Bett und zieh die Decke über dich.«   3.22
"Lie down in bed, and pull the blanket over you."

Da trat der Bösewicht herein und sprach,   4.1
Then the villain came in and said,

»Wo ist Herz und Zunge von dem Knaben?«   4.2
"Where is the boy's heart and tongue?"

Das Mädchen reichte ihm den Teller, aber der   4.3
Königssohn warf die Decke ab und sprach,
The girl handed him the plate, but the king's son threw off
the blanket and said,

»Du alter Sünder, warum hast du mich töten wollen?   4.4
"You old sinner, why did you want to kill me?

Nun will ich dir dein Urteil sprechen.   4.5
Now I will pronounce judgment on you.

4.6 Du sollst ein schwarzer Pudelhund werden und eine goldene Kette um den Hals haben und sollst glühende Kohlen fressen, daß dir die Lohe zum Hals herausschlägt.«

Thou shalt become a black poodle-dog, and have a golden chain round thy neck, and shalt eat coals of fire, so that the tinder shall come out of thy throat."

4.7 Und wie er die Worte ausgesprochen hatte, so war der Alte in einen Pudelhund verwandelt, und hatte eine goldene Kette um den Hals und die Köche mußten glühende Kohlen heraufbringen, die fraß er, daß ihm die Lohe aus dem Hals herausschlug.

And as soon as he had uttered these words, the old man was changed into a poodle-dog, and had a golden chain round his neck, and the cooks had to bring up glowing coals, which he ate, so that the tinder came out of his neck.

4.8 Nun blieb der Königssohn noch eine kleine Zeit da und dachte an seine Mutter und ob sie noch am Leben wäre.

Now the King's son remained there for a little while, thinking of his mother and whether she was still alive.

4.9 Endlich sprach er zu dem Mädchen:

At last he said to the girl,

4.10 »Ich will heim in mein Vaterland, willst du mit mir gehen, so will ich dich ernähren.«

"I want to go home to my fatherland; if you will go with me, I will feed you."

4.11 »Ach.« antwortete sie,

"Alas." she replied,

4.12 »der Weg ist so weit und was soll ich in einem fremden Lande machen,

"the way is so far,

wo ich unbekannt bin.«   4.13
and what shall I do in a foreign country where I am
unknown."

Weil es also ihr Wille nicht recht war, und sie doch   4.14
voneinander nicht lassen wollten, wünschte er sie zu
einer schönen Nelke und steckte sie zu sich.
As it was not her will, and they did not want to leave each
other, he wished her a beautiful carnation and took her to
himself.

Da zog er fort und der Pudelhund mußte mitlaufen,   5.1
und zog in sein Vaterland.
Then he went away, and the poodle-dog had to go with him,
and went to his fatherland.

Nun ging er zu dem Turm, wo seine Mutter darin saß,   5.2
und weil der Turm so hoch war, wünschte er eine
Leiter herbei, die bis obenhin reichte.
Now he went to the tower where his mother was sitting,
and because the tower was so high, he wished for a ladder
that would reach to the top.

Da stieg er hinauf und sah hinein und rief: 5.3
So he climbed up and looked in and called out,

»Herzliebste Mutter, Frau Königin, seid Ihr noch am   5.4
Leben, oder seid Ihr tot?«
"Dearest mother, Madam Queen, are you still alive or are
you dead?"

Sie antwortete: »Ich habe ja eben gegessen und bin   5.5
noch satt.«
She replied, "I have just eaten and am still full."

und meinte, die Engel wären da. Sprach er,   5.6
and said that the angels were there. He said,

5.7 »Ich bin Euer lieber Sohn,

"I am your dear son,

5.8 den die wilden Tiere Euch sollen vom Schoß geraubt haben;

whom the wild beasts are said to have stolen from your womb;

5.9 aber ich bin noch am Leben und will Euch bald erretten.«

but I am still alive and will soon save you."

5.10 Nun stieg er herab und ging zu seinem Herrn Vater und ließ sich anmelden als ein fremder Jäger,

Now he descended and went to his master's father and announced himself as a foreign hunter,

5.11 ob er könnte Dienste bei ihm haben.

asking if he could have service with him.

5.12 Antwortete der König ja, wenn er gelernt wäre und ihm Wildbret schaffen könnte, sollte er herkommen;

The king answered yes, if he was skilled and could bring him game, he should come here;

5.13 es hatte sich aber auf der ganzen Grenze und Gegend niemals Wild aufgehalten.

but there had never been any game on the whole border or in the whole region.

5.14 Da versprach der Jäger, er wollte ihm soviel Wild schaffen, als er nur auf der königlichen Tafel brauchen könnte.

Then the huntsman promised that he would get him as much game as he could possibly need for the king's table.

Dann hieß er die Jägerei zusammenkommen, sie sollten alle mit ihm hinaus in den Wald gehen.

5.15

Then he called the hunters together and told them all to go out into the forest with him.

Da gingen sie mit, und draußen hieß er sie einen großen Kreis schließen, der an einem Ende offen blieb, und dann stellte er sich hinein und fing an zu wünschen.

5.16

So they went with him, and outside he told them to make a large circle, which remained open at one end, and then he stood in it and began to make wishes.

Alsbald kamen zweihundert und etliche Stück Wildbret in den Kreis gelaufen,

5.17

Immediately two hundred and some pieces of venison came running into the circle,

und die Jäger mußten es schießen.

5.18

and the hunters had to shoot them.

Da ward alles auf sechzig Bauernwagen geladen und dem König heimgefahren, da konnte er einmal seine Tafel mit Wildbret zieren, nachdem er lange Jahre keins gehabt hatte.

5.19

Then everything was loaded on sixty peasant carts and driven home to the king, so that he could adorn his table with venison for once, after having had none for many years.

Nun empfand der König große Freude darüber und bestellte es sollte des anderen Tages seine ganze Hofhaltung bei ihm speisen, und machte ein großes Gastmahl.

6.1

Now the king felt great joy at this, and ordered his whole court to dine with him the next day, and made a great banquet.

6.2 Wie sie alle beisammen waren, sprach er zu dem Jäger:

When they were all together, he said to the huntsman,

6.3 »Weil du so geschickt bist, so sollst du neben mir sitzen.«

"Because you are so skillful, you shall sit next to me."

6.4 Er antwortete:

He replied:

6.5 »Herr König, Ew. Majestät halten zu Gnaden, ich bin ein schlechter Jägerbursch.«

"Mr. King, Your Majesty has the greatest favor, I am a bad hunter."

6.6 Der König aber bestand darauf und sagte,

But the king insisted and said,

6.7 »Du sollst dich neben mich setzen.« bis er es that.

"You shall sit next to me." until he did so.

6.8 Wie er dasaß, dachte er an seine liebste Frau Mutter und wünschte, daß nur einer von des Königs ersten Dienern von ihr anfinge, und fragte, wie es wohl der Frau Königin im Turm ginge, ob sie wohl noch am Leben wäre oder verschmachtet.

As he sat there, he thought of his dearest wife's mother, and wished that only one of the King's first servants would start from her, and asked how the Queen was faring in the tower, whether she was still alive or had pined away.

6.9 Kaum hatte er es gewünscht, so fing auch schon der Marschall an und sprach:

No sooner had he asked than the marshal began and said:

»Königliche Majestät, wir leben hier in Freuden, wie   6.10
geht es wohl der Frau Königin im Turm, ob sie wohl
noch am Leben oder verschmachtet ist?«
"Your Majesty, we are living here in joy, how is the Queen
in the tower, is she alive or has she died?"

Aber der König antwortete: 6.11
But the king replied,

»Sie hat mir meinen, lieben Sohn von den wilden   6.12
Tieren zerreißen lassen, davon will ich nichts
hören.«
"She has had my dear son torn to pieces by the wild beasts, I
will not hear of it."

Da stand der Jäger auf und sprach: 6.13
Then the huntsman got up and said,

»Gnädigster Herr Vater, sie ist noch am Leben, und   6.14
ich bin ihr Sohn, und die wilden Tiere haben ihn
nicht geraubt, sondern der Bösewicht, der alte Koch,
hat es gethan, der hat mich, als sie eingeschlafen war,
von ihrem Schoß weggenommen und ihre Schürze
mit dem Blut eines Huhns betropft.«
"My lord father, she is still alive, and I am her son, and the
wild beasts have not stolen him, but the wicked old cook
did it, who took me from her lap when she was asleep, and
dripped her apron with the blood of a hen."

Darauf nahm er den Hund mit dem goldenen   6.15
Armband und sprach,
Then he took the dog with the golden bracelet, and said,

»Das ist der Bösewicht.«   6.16
"This is the villain."

6.17 und ließ glühende Kohlen bringen, die mußte er angesichts aller fressen, daß ihm die Lohe aus dem Hals schlug.

and ordered red-hot coals to be brought, which he had to eat in the face of all, so that the lungs beat out of his throat.

6.18 Darauf fragte er den König, ob er ihn in seiner wahren Gestalt sehen wollte, und wünschte ihn wieder zum Koch, da stand er alsbald mit der weißen Schürze und dem Messer an der Seite.

Then he asked the King if he wished to see him in his true shape, and wished him back to the cook, and there he stood with the white apron and the knife at his side.

6.19 Der König, wie er ihn sah, ward zornig und befahl, daß er in den tiefsten Kerker sollte geworfen werden.

The king, when he saw him, was angry, and ordered him to be thrown into the deepest dungeon.

6.20 Darauf sprach der Jäger weiter:

Then the huntsman said further,

6.21 »Herr Vater, wollt Ihr auch das Mädchen sehen, das mich so zärtlich aufgezogen hat und mich hernach ums Leben bringen sollte, es aber nicht gethan hat, obgleich sein eigenes Leben auf dem Spiele stand?«

"Father, will you also see the girl who brought me up so tenderly, and was afterwards to kill me, but did not do it, though her own life was at stake?"

6.22 Antwortete der König: »Ja, ich will sie gern sehen.«

The king replied, "Yes, I would like to see her."

6.23 Sprach der Sohn: »Gnädigster Herr Vater,

Said the son, "My lord father,

ich will sie Euch zeigen in Gestalt einer schönen
Blume.«

6.24

I will show it to you in the form of a beautiful flower."

Und griff in die Tasche und holte die Nelke, und
stellte sie auf die königliche Tafel, und sie war so
schön, wie der König nie eine gesehen hatte.

6.25

And he reached into his pocket and took out the carnation
and placed it on the royal table, and it was more beautiful
than the king had ever seen.

Darauf sprach der Sohn,

6.26

Then the son said,

»Nun will ich sie auch in ihrer wahren Gestalt
zeigen.«

6.27

"Now I will show it in its true form."

und wünschte sie zu einer Jungfrau; da stand sie da
und war so schön, daß kein Maler sie hätte schöner
malen können.

6.28

and wished it to be a maiden, and there it stood, and was
so beautiful that no painter could have painted it more
beautifully.

Der König aber schickte zwei Kammerfrauen und
zwei Diener hinab in den Turm, die sollten die Frau
Königin holen und an die königliche Tafel bringen.

7.1

But the king sent two chambermaids and two servants
down to the tower to fetch the queen and bring her to the
royal table.

Als sie aber dahin geführt ward, aß sie nichts mehr
und sagte:

7.2

But when she was taken there, she ate no more and said,

7.3 »Der gnädige barmherzige Gott, der mich im Turm
erhalten hat, wird mich bald erlösen.«

"The merciful God who has kept me in the tower will soon
deliver me."

7.4 Da lebte sie noch drei Tage und starb dann selig, und
als sie begraben ward, da folgten ihr die zwei weißen
Tauben nach, die ihr das Essen in den Turm gebracht
hatten, und Engel vom Himmel waren, und setzten
sich auf ihr Grab.

So she lived three days longer, and then died blessedly,
and when she was buried, the two white doves which had
brought her food into the tower, and which were angels
from heaven, followed her, and sat down on her grave.

7.5 Der alte König ließ den Koch in vier Stücke zerreißen,
aber der Gram zehrte an seinem Herzen, und er starb
bald.

The old king had the cook torn into four pieces, but the
grief ate away at his heart, and he soon died.

7.6 Der Sohn heiratete die schöne Jungfrau, die er als
Blume in der Tasche mitgebracht hatte, und ob sie
noch leben, das steht bei Gott.

The son married the beautiful maiden whom he had
brought with him as a flower in his pocket, and whether
they are still alive or not is up to God.

Das kluge Gretel

The Clever Gretel

1.1 Es war eine Köchin, die hieß Gretel, die trug Schuhe mit roten Absätzen, und wenn sie damit ausging, so drehte sie sich hin und her, war ganz fröhlich und dachte:

There was a cook called Gretel, who wore shoes with red heels, and when she went out in them, she turned around and around, was very cheerful and thought:

1.2 »Du bist doch ein schönes Mädel.«

"You are a beautiful girl."

1.3 Und wenn sie nach Hause kam, so trank sie aus Fröhlichkeit einen Schluck Wein, und weil der Wein auch Lust zum Essen macht, so versuchte sie das Beste, was sie kochte, so lange, bis sie satt war und sprach:

And when she came home, she drank a sip of wine out of happiness, and because wine also makes you want to eat, she tried the best she cooked until she was full and said:

1.4 »Die Köchin muß wissen, wie's Essen schmeckt.«

"The cook must know how food tastes."

Es trug sich zu, daß der Herr einmal zu ihr sagte:

2.1

It happened that the master once said to her:

»Gretel, heute abend kommt ein Gast, richte mir zwei Hühner fein wohl zu.«

2.2

"Gretel, a guest is coming tonight, please prepare two chickens for me."

»Will's schon machen, Herr.« antwortete Gretel.

2.3

"I will do it, sir." answered Gretel.

Nun stach's die Hühner ab, brühte sie, rupfte sie, steckte sie an den Spieß, und brachte sie, wie's gegen Abend ging, zum Feuer, damit sie braten sollten.

2.4

Now she cut off the chickens, scalded them, plucked them, put them on the spit, and brought them to the fire to roast as evening approached.

Die Hühner fingen an braun und gar zu werden,

2.5

The chickens began to brown and cook,

aber der Gast war noch nicht gekommen.

2.6

but the guest had not yet come.

Da rief Gretel dem Herrn:

2.7

Then Gretel cried to the master,

»Kommt der Gast nicht, so muß ich die Hühner vom Feuer thun, ist aber Jammer und Schade, wenn sie nicht bald gegessen werden, wo sie am besten im Saft sind.«

2.8

"If the guest does not come, I must take the chickens from the fire, but it will be a pity and a shame if they are not eaten soon, when they are at their best."

Sprach der Herr,

2.9

Said the master,

2.10 »So will ich nur selbst laufen und den Gast holen.«
"Then I will run and fetch the guest myself."

2.11 Als der Herr den Rücken gekehrt hatte legte Gretel
den Spieß mit den Hühnern beiseite und dachte:
When the master had turned his back, Gretel put the spit
with the chickens aside and thought,

2.12 »Solange da beim Feuer stehen, macht schwitzen und
durstig, wer weiß, wann die kommen;
"Standing there by the fire makes you sweat and thirsty,
who knows when they will come;

2.13 derweil spring ich in den Keller und thue einen
Schluck.«
meanwhile I will jump into the cellar and have a drink."

2.14 Lief hinab, setzte einen Krug an, sprach: »Gott
gesegne's dir,
She ran down, put on a jug, said, "God bless you,

2.15 Gretel.« und that einen guten Zug.
Gretel." and took a good draught.

2.16 »Der Wein hängt aneinander.« sprach's weiter,
"The wine hangs together." she continued,

2.17 »und ist nicht gut abbrechen.«
"and is not good to break off."

2.18 und that noch einen ernsthaften Zug.
and took another serious draught.

Nun ging es und stellte die Hühner wieder übers
Feuer, strich sie mit Butter und trieb den Spieß lustig
herum.   2.19
Then she went and put the chickens over the fire again,
spread them with butter, and drove the spit about merrily.

Weil aber der Braten so gut roch, dachte Gretel,   2.20
But as the roast smelt so good, Gretel thought,

»Es könnte etwas fehlen, versucht muß er werden!«   2.21
"There might be something missing, it must be tried!"

schleckte mit dem Finger und sprach: »Ei,   2.22
and licked her finger, and said, "Oh,

was sind die Hühner so gut;   2.23
how good the chickens are;

ist ja Sünd und Schand, daß man sie nicht gleich ißt.«   2.24
it is a sin and a shame not to eat them at once."

Lief zum Fenster, ob der Herr mit dem Gast noch
nicht käme, aber es sah niemand;   2.25
She ran to the window to see if the master and his guest had
not yet come, but no one was there;

stellte sich wieder zu den Hühnern, dachte: 2.26
she stood by the hens again, and thought,

»Der eine Flügel verbrennt, besser ist's, ich eß ihn
weg.«   2.27
"The one wing will burn, it would be better if I ate it away."

Also schnitt es ihn ab und aß ihn auf, und er
schmeckte ihm;   2.28
So he cut it off and ate it, and it tasted good to him;

2.29 und wie es damit fertig war, dachte es:

and when he had finished it, he thought,

2.30 »Der andere muß auch herab, sonst merkt der Herr, daß etwas fehlt.«

"The other must come down too, or the master will notice that something is missing."

2.31 Wie die zwei Flügel verzehrt waren, ging es wieder und schaute nach dem Herrn und sah ihn nicht.

When the two wings were eaten, he went again and looked after the master, but did not see him.

2.32 »Wer weiß.« fiel ihm ein,

"Who knows." it occurred to him,

2.33 »sie kommen wohl gar nicht, und sind wo eingekehrt.«

"they are probably not coming at all, and have gone somewhere."

2.34 Da sprach's:

Then she said,

2.35 »Hei, Gretel, sei guter Dinge, das eine ist doch angegriffen, thu noch einen frischen Trunk und iß es vollends auf, wenn's alle ist, hast du Ruhe;

"Hey, Gretel, be of good cheer, the one thing is all right, have another fresh drink, and eat it all up, and when it is finished you will have peace;

2.36 warum soll die gute Gottesgabe umkommen?«

why should the good gift of God perish?"

Also lief es noch einmal in den Keller, that einen   2.37
ehrbaren Trunk, und aß das eine Huhn in aller
Freudigkeit auf.

So he ran into the cellar once more, drank an honorable
drink, and ate the one chicken in all joy.

Wie das eine Huhn hinunter war und der Herr noch   2.38
immer nicht kam, sah Gretel das andere an, und
sprach:

When the one chicken was down, and the master still did
not come, Gretel looked at the other, and said,

»Wo das eine ist, muß das andere auch sein, die zwei   2.39
gehören zusammen;

"Where the one is, the other must be also, the two belong
together;

was dem einen recht ist, das ist dem anderen billig;   2.40

what is right for the one is fair for the other;

ich glaube, wenn ich noch einen Trunk thue, so sollte   2.41
mir's nicht schaden.«

I think if I take another drink, it should do me no harm."

Also that es noch einen herzhaften,   2.42

So he took another hearty drink,

Trunk und ließ das zweite Huhn wieder zum anderen   2.43
laufen.

and let the second chicken go to the other.

Wie es so im besten Essen war,   3.1

As the meal was at its best,

kam der Herr daher gegangen und rief: 3.2

the master came along and called:

3.3 »Eil dich, Gretel, den Gast kommt gleich nach.«

"Hurry up, Gretel, the guest will be here soon."

3.4 »Ja, Herr, will's schon zurichten.« antwortete Gretel.

"Yes, sir, I will get it ready." answered Gretel.

3.5 Der Herr sah indessen, ob der Tisch wohl gedeckt war, nahm das große Messer, womit er die Hühner zerschneiden wollte, und wetzte es auf dem Gange.

Meanwhile the master saw that the table was well laid, took the large knife with which he was going to cut up the chickens, and sharpened it in the hall.

3.6 Indem kam der Gast, klopfte sittig und höflich an der Hausthür.

Then the guest came and knocked sittily and politely at the door.

3.7 Gretel lief und schaute wer da war, und als es den Gast sah, hielt es den Finger an den Mund und sprach,

Gretel ran and looked who was there, and when she saw the guest, she put her finger to her mouth, and said,

3.8 »Still! still!

"Hush! hush!

3.9 macht geschwind, daß ihr wieder fortkommt, wenn Euch mein Herr erwischt, so seid ihr unglücklich;

make haste to get away again, if my master catches you, you will be unhappy;

3.10 er hat Euch zwar zum Nachtessen eingeladen, aber er hat nichts anderes im Sinn, als Euch die beiden Ohren abzuschneiden.

he has invited you to dinner, but he has nothing else in mind but to cut off both your ears.

Hört nur, wie er das Messer dazu wetzt.« 3.11
Just listen to him sharpening the knife."

Der Gast hörte das Wetzen und eilte was er konnte die 3.12
Stiegen wieder hinab.
The guest heard the sharpening and hurried back down the
stairs as fast as he could.

Gretel war nicht faul, lief schreiend zu dem Herrn 3.13
und rief:
Gretel was not lazy and ran screaming to the master and
shouted:

»Da habt Ihr einen schönen Gast eingeladen!« 3.14
"You have invited a beautiful guest!"

»Ei, warum, Gretel? was meinst du damit?« 3.15
"Why, Gretel, what do you mean?"

»Ja.« sagte es, 3.16
"Yes." she said,

»der hat mir beide Hühner, die ich eben auftragen 3.17
wollte, von der Schüssel genommen und ist damit
fortgelaufen.«
"he took both the chickens I was about to serve from the
bowl and ran off with them."

»Das ist seine Weise!« 3.18
"That is his way!"

sprach der Herr, und ward ihm leid um die schönen 3.19
Hühner,
said the master, and was sorry for the beautiful chickens,

»wenn er mir dann wenigstens das eine gelassen 3.20
hätte,
"if he had at least left me one of them,

3.21 **damit mir was zu essen geblieben wäre.«**

so that I might have had something to eat."

3.22 **Er rief ihm nach, er sollte bleiben, aber der Gast thät, als hörte er es nicht.**

He called after him to stay, but the guest pretended not to hear him.

3.23 **Da lief er hinter ihm her, das Messer noch immer in der Hand, und schrie,**

Then he ran after him, with his knife still in his hand, and cried,

3.24 **»Nur eins! nur eins!«**

"Only one! only one!"

3.25 **und meinte, der Gast sollte ihm nur ein Huhn lassen, und nicht alle beide nehmen;**

and said that the guest should only leave him one chicken, and not take them both;

3.26 **der Gast aber meinte nicht anders, als er sollte eins von seinen Ohren hergeben, und lief, als wenn Feuer unter ihm brennte, damit er sie beide heimbrächte.**

but the guest thought no otherwise than that he should give one of his ears, and ran as if fire were burning under him, that he might bring them both home.

Der alte Großvater und der Enkel

The Old Grandfather and the Grandson

1.1 Es war einmal ein steinalter Mann, dem waren die Augen trüb geworden, die Ohren taub, und die Knie zitterten ihm.

Once upon a time, there was an old man whose eyes had become dull, his ears were deaf and his knees were trembling.

1.2 Wenn er nun bei Tische saß und den Löffel kaum halten konnte, schüttete er Suppe auf das Tischtuch, und es floß ihm auch etwas wieder aus dem Mund.

When he sat at table and could hardly hold his spoon, he would spill soup on the tablecloth and some of it would flow out of his mouth.

Sein Sohn und dessen Frau ekelten sich davor, und deswegen mußte sich der alte Großvater endlich hinter den Ofen in die Ecke setzen und sie gaben ihm sein Essen in ein irdenes Schüsselchen und noch dazu nicht einmal satt;

1.3

His son and his wife were disgusted at this, and so the old grandfather finally had to sit down behind the stove in the corner and they gave him his food in an earthen bowl, and he was not even full;

da sah er betrübt nach dem Tisch und die Augen wurden ihm naß.

1.4

then he looked sadly at the table and his eyes became wet.

Einmal auch konnten seine zitterigen Hände das Schüsselchen nicht festhalten,

1.5

Once his trembling hands could not hold the bowl,

es fiel zur Erde und zerbrach. Die junge Frau schalt,

1.6

it fell to the ground and broke. The young woman scolded him,

er sagte aber nichts und seufzte nur.

1.7

but he said nothing and just sighed.

Da kaufte sie ihm ein hölzernes Schüsselchen für ein paar Heller,

1.8

Then she bought him a wooden bowl for a few pennies,

daraus mußte er nun essen. Wie sie da so sitzen,

1.9

and he had to eat out of it. As they sat there,

so trägt der kleine Enkel von vier Jahren auf der Erde kleine Brettlein zusammen.

1.10

the little grandson of four years was carrying little boards together on the ground.

1.11 »Was machst du da?« fragte der Vater.

"What are you doing?" asked the father.

1.12 »Ich mache eine Tröglein.« antwortete das Kind,

"I'm making a little trough." replied the child,

1.13 »daraus sollen Vater und Mutter essen, wenn ich groß
bin.«

"for father and mother to eat from when I grow up."

1.14 Da sahen sich Mann und Frau eine Weile an, fingen
endlich an zu weinen, holten alsofort den alten
Großvater an den Tisch und ließen ihn von nun
an immer mit essen, sagten auch nichts, wenn er ein
wenig verschüttete.

Then the husband and wife looked at each other for a
while, finally began to cry, immediately brought the old
grandfather to the table and from then on always let him
eat with them, even saying nothing if he spilled a little.

Die Wassernixe

The Mermaid

1.1 EinBrüderchen und ein Schwesterchen spielten an einem Brunnen, und wie sie so spielten, plumpten sie beide hinein.

A little brother and sister were playing at a well, and as they were playing, they both plopped into it.

1.2 Da war unten eine Wassernixe, die sprach: »Jetzt habe ich euch,

There was a mermaid down below, who said, "Now I have got you,

1.3 jetzt sollt ihr mir brav arbeiten.«

now you must work well for me."

1.4 und führte sie mit sich fort.

and took them away with her.

1.5 Dem Mädchen gab sie verwirrten garstigen Flachs zu spinnen, und es mußte Wasser in ein hohles Faß schleppen, der Junge aber sollte einen Baum mit einer stumpfen Axt hauen;

She gave the girl confused, nasty flax to spin, and she had to carry water into a hollow barrel, but the boy was to hew a tree with a blunt axe;

und nichts zu essen bekamen sie als steinharte Klöße.   1.6

and they were given nothing to eat but rock-hard
dumplings.

Da wurden zuletzt die Kinder so ungeduldig, daß sie   1.7
warteten, bis eines Sonntags die Nixe in der Kirche
war, da entflohen sie.

At last the children became so impatient that they waited
until the mermaid was in church one Sunday, when they
escaped.

Und als die Kirche vorbei war, sah die Nixe, daß die   1.8
Vögel ausgeflogen waren und setzte ihnen mit großen
Sprüngen nach.

And when church was over, the mermaid saw that the birds
had flown away and took off after them with great leaps.

Die Kinder erblickten sie aber von weitem, und   1.9
das Mädchen warf eine Bürste hinter sich, das gab
einen großen Bürstenberg, mit tausend und tausend
Stacheln, über den die Nixe mit großer Mühe klettern
mußte;

But the children saw her from afar, and the girl threw
a brush behind her, which made a great mountain of
brushes, with a thousand and a thousand spikes, over
which the mermaid had to climb with great difficulty;

endlich aber kam sie doch hinüber.   1.10

but at last she got over.

1.11 Wie das die Kinder sahen, warf der Knabe einen Kamm hinter sich, das gab einen großen Kammberg mit tausendmal tausend Zinken, aber die Nixe wußte sich daran festzuhalten und kam zuletzt doch darüber.

When the children saw this, the boy threw a comb behind him, which made a great mountain of combs with a thousand times a thousand prongs, but the mermaid knew how to hold on to it and finally got over it.

1.12 Da warf das Mädchen einen Spiegel hinterwärts, welches einen Spiegelberg gab, der war so glatt, daß sie unmöglich drüber konnte.

Then the girl threw a mirror behind her, which made a mountain of mirrors so smooth that she could not possibly get over it.

1.13 Da dachte sie:

Then she thought,

1.14 »Ich will geschwind nach Hause gehen und meine Axt holen und den Spiegelberg entzwei hauen.«

"I will go home quickly and get my axe and cut the mirror mountain in two."

1.15 Bis sie aber wieder kam und das Glas aufgehauen hatte, waren die Kinder längst weit enflohen, und die Wassernixe mußte sich wieder in ihren Brunnen trollen.

But by the time she came back and had broken the glass, the children had fled far away, and the mermaid had to troll back into her well.

Von dem Tode des Hühnchens

About the Death of the Chicken

1.1 Auf eine Zeit ging das Hühnchen mit dem Hähnchen in den Nußberg, und sie machten miteinander aus, wer einen Nußkern fände, sollte ihn mit dem anderen teilen.

At one time the hen went with the chicken into the nut mountain, and they agreed that whoever found a nut kernel should share it with the other.

1.2 Nun fand das Hühnchen eine große, große Nuß, sagte aber nichts davon und wollte den Kern allein essen.

Now the chicken found a big, big nut, but said nothing about it and wanted to eat the kernel alone.

1.3 Der Kern war aber so dick, daß es ihn nicht hinunterschlucken konnte, und er ihm im Halse stecken blieb, daß ihm angst wurde, es müßte ersticken.

But the kernel was so thick that he could not swallow it, and it got stuck in his throat, so that he was afraid he would choke.

Da schrie das Hühnchen: »Hähnchen, ich bitte dich,   1.4
lauf, was du kannst, und hol mir Wasser, sonst
erstick' ich.«

Then the chicken cried, "Chicken, I beg you, run and fetch
me some water, or I shall choke."

Das Hähnchen lief was es konnte zum Brunnen, und   1.5
sprach:

The chicken ran as far as it could to the well and said:

»Born, du sollst mir Wasser geben;   1.6

"Born, give me some water;

das Hühnchen liegt auf dem Nußberg,   1.7

the chicken is lying on the nut hill,

hat einen großen Nußkern geschluckt und will   1.8
ersticken.«

has swallowed a large nut kernel and wants to suffocate."

Der Brunnen antwortete: 1.9

The well replied,

»Lauf erst hin zur Braut und laß dir rote Seide   1.10
geben.«

"First run to the bride and let her give you some red silk."

Das Hähnchen lief zur Braut: »Braut,   1.11

The chicken ran to the bride: "Bride,

du sollst mir rote Seide geben;   1.12

you shall give me red silk;

1.13 rote Seide will ich dem Brunnen geben, der Brunnen soll mir Wasser geben, das Wasser will ich dem Hühnchen bringen, das liegt auf dem Nußberg, hat einen großen Nußkern geschluckt und will daran ersticken.«

I will give red silk to the well, the well shall give me water, I will bring the water to the chicken, who is lying on the mountain of nuts, has swallowed a large nut kernel and wants to choke on it."

1.14 Die Braut antwortete:

The bride replied:

1.15 »Lauf erst und hol mir mein Kränzlein,

"Run first and fetch me my little crown,

1.16 das blieb an einer Weide hängen.«

it got stuck on a willow."

1.17 Da lief das Hähnchen zur Weide und zog das Kränzlein von dem Ast und brachte es der Braut, und die Braut gab ihm rote Seide dafür, die brachte es dem Brunnen, der gab ihm Wasser dafür.

So the chicken ran to the willow and pulled the wreath from the branch and brought it to the bride, and the bride gave him red silk for it, who brought it to the well, which gave him water for it.

1.18 Da brachte das Hähnchen das Wasser zum Hühnchen, wie es aber hinkam, war dieweil das Hühnchen erstickt und lag da tot und regte sich nicht.

Then the chicken brought the water to the hen, but when he got there, the hen was suffocated and lay there dead and did not move.

Da war das Hähnchen so traurig, daß es laut schrie, 1.19
und kamen alle Tiere und beklagten das Hühnchen;
Then the hen was so sad that she cried aloud, and all the
animals came and lamented the hen;

und sechs Mäuse bauten einen kleinen Wagen, das 1.20
Hühnchen darin zum Grabe zu fahren;
and six mice made a little cart to drive the hen in it to the
grave;

und als der Wagen fertig war, spannten sie sich 1.21
davor, und das Hähnchen fuhr.
and when the cart was ready they harnessed themselves to
it, and the hen went.

Auf dem Wege aber kam ein Fuchs: »Wo willst du hin, 1.22
But on the way came a fox: "Where are you going,

Hähnchen?« 1.23
chicken?"

»Ich will mein Hühnchen begraben.« 1.24
"I want to bury my chicken."

»Darf ich mitfahren?« 1.25
"Can I go with you?"

»Ja, aber setz' dich hinten   "Yes, but get out of the
aus den Wagen,   back of the car,

Vorn können's meine   My horses can't stand it
Pferdchen nicht vertragen.«   in front."

Da setzte sich der Fuchs hinten auf; 3.1
Then the fox sat down in the back;

3.2 dann der Wolf, der Bär, der Hirsch, der Löwe und alle Tiere in dem Walde.

then the wolf, the bear, the stag, the lion and all the animals in the forest.

3.3 So ging die Fahrt fort, da kamen sie an einen Bach.

So the journey went on, and they came to a stream.

3.4 »Wie sollen wir nun hinüber?« sagte das Hähnchen.

"How shall we get across?" said the chicken.

3.5 Da lag ein Strohhalm am Bach, der sagte:

There was a straw lying by the stream, which said:

3.6 »Ich will mich quer darüber legen,

"I will lie across it,

3.7 so könnt ihr über mich fahren.«

so you can cross me."

3.8 Wie aber die sechs Mäuse auf die Brücke kamen, rutschte der Strohhalm und fiel ins Wasser, und die sechs Mäuse fielen alle hinein und ertranken.

But as the six mice got to the bridge, the straw slipped and fell into the water, and the six mice all fell in and drowned.

3.9 Da ging die Not von neuem an, und kam eine Kohle und sagte,

Then the trouble began again, and a coal came and said,

3.10 »Ich bin groß genug,

"I am big enough,

3.11 ich will mich darüber legen und ihr sollt über mich fahren.«

I will lie down over it and you shall ride over me."

Die Kohle legte sich auch an das Wasser, aber sie berührte es unglücklicherweise ein wenig, da zischte sie, verlöschte und war tot.

3.12

The coal also lay down on the water, but unfortunately it touched it a little, then it hissed, went out and was dead.

Wie das ein Stein sah, erbarmte er sich und wollte dem Hähnchen helfen, und legte sich über das Wasser.

3.13

When a stone saw this, it took pity and wanted to help the chicken and lay down over the water.

Da zog nun das Hähnchen den Wagen selber, wie es ihn aber bald drüben hatte und war mit dem toten Hühnchen auf dem Lande und wollte die anderen, die hinten aufsaßen, auch heranziehen, da waren ihrer zu viel geworden und der Wagen fiel zurück und alles fiel miteinander in das Wasser und ertrank.

3.14

Then the chicken pulled the cart himself, but as he soon had it over, he was on the land with the dead chicken and wanted to pull the others who were sitting on the back, but there were too many of them and the cart fell back and they all fell into the water together and drowned.

Da war das Hähnchen noch allein mit dem toten Hühnchen und grub ihm ein Grab und legte es hinein und machte einen Hügel darüber, auf den setzte es sich und grämte sich so lange, bis es auch starb;

3.15

Then the chicken was still alone with the dead chicken, and dug a grave for it, and laid it in it, and made a mound over it, on which it sat down and mourned until it also died;

und da war alles tot.

3.16

and then all was dead.

Bruder Lustig

Brother Funny

1.1 **Es war einmal ein großer Krieg, und als der Krieg zu Ende war, bekamen viele Soldaten ihren Abschied.**

Once upon a time there was a great war, and when the war was over, many soldiers were given their farewells.

1.2 **Nun bekam der Bruder Lustig auch seinen Abschied und sonst nichts als ein kleines Laibchen Kommißbrot und vier Kreuzer an Geld;**

Now Brother Lustig also received his farewell and nothing else but a small loaf of ration bread and four kreuzer in money;

1.3 **damit zog er fort.**

with this he departed.

1.4 **Der heilige Petrus aber hatte sich als ein armer Bettler an den Weg gesetzt, und wie der Bruder Lustig daher kam, bat er ihn um ein Almosen.**

St. Peter, however, had sat down by the road as a poor beggar, and as Friar Lustig came along, he asked him for alms.

Er antwortete: »Lieber Bettelmann, was soll ich dir geben?

1.5

He replied: "Dear beggar, what should I give you?

Ich bin Soldat gewesen und habe meinen Abschied bekommen, und habe sonst nichts als das kleine Kommißbrot und vier Kreuzer Geld, wenn das alle ist, muß ich betteln, so gut wie du.

1.6

I've been a soldier and got my discharge, and have nothing else but the little commissary bread and four kreuzers of money; when that's all I'll have to beg, as well as you.

Doch geben will ich dir was.«

1.7

But I will give you something."

Darauf teilte er den Laib in vier Teile und gab davon dem Apostel einen und auch einen Kreuzer.

1.8

He then divided the loaf into four pieces and gave the apostle one of them and also one kreuzer.

Der heilige Petrus bedankte sich, ging weiter und setzte sich, in einer anderen Gestalt wieder als Bettelmann dem Soldaten an den Weg, und als er zu ihm kam, bat er ihn wie das vorigemal um eine Gabe.

1.9

St. Peter thanked him, went on and, in a different guise, sat down again as a beggar by the soldier's path, and when he came to him, he asked him for a gift as he had done before.

Der Bruder Lustig sprach wie vorher und gab ihm wieder ein Viertel von dem Brot und einen Kreuzer.

1.10

Brother Lustig spoke as before and again gave him a quarter of the bread and a kreuzer.

Der heil. Petrus bedankte sich und ging weiter,

1.11

St. Peter thanked him and went on,

1.12 setzte sich aber zum drittenmal in einer anderen Gestalt als ein Bettler an den Weg und sprach den Bruder Lustig an.

but for the third time he sat down by the road in a different guise as a beggar and spoke to Friar Lustig.

1.13 Der Bruder Lustig gab ihm auch das dritte Viertel Brot und den dritten Kreuzer.

Brother Lustig also gave him the third quarter of bread and the third kreuzer.

1.14 Der heil. Petrus bedankte sich und der Bruder Lustig ging weiter und hatte nicht mehr als ein Viertel Brot und einen Kreuzer.

St. Peter thanked him and Friar Lustig went on his way and had nothing more than a quarter of bread and a kreuzer.

1.15 Damit ging er in ein Wirtshaus,

With this he went to an inn,

1.16 aß das Brot und ließ sich für den Kreuzer Bier dazu geben.

ate the bread and asked for beer for the kreuzer.

1.17 Als er fertig war, zog er weiter, und da ging ihm der heil. Petrus gleichfalls in der Gestalt eines verabschiedeten Soldaten entgegen und redete ihn an:

When he had finished, he went on his way; St. Peter also met him in the guise of a soldier who had left and said to him:

1.18 »Guten Tag, Kamerad, kannst du mir nicht ein Stück Brot geben und einen Kreuzer zu einem Trunk?«

"Good day, comrade, can't you give me a piece of bread and a kreuzer for a drink?"

»Wo soll ich's hernehmen.« antwortete der Bruder Lustig,

1.19

"Where should I get it." replied Brother Lustig,

»ich habe meinen Abschied und sonst nichts als ein Laib Kommißbrot und vier Kreuzer an Geld bekommen.

1.20

"I've had my farewell and nothing else but a loaf of ration bread and four kreuzer in money.

Drei Bettler sind mir auf der Landstraße begegnet,

1.21

I met three beggars on the road,

davon hab ich jedem ein Viertel von meinem Brot und einen Kreuzer Geld gegeben.

1.22

and I gave each of them a quarter of my bread and a kreuzer of money.

Das letzte Viertel hab ich im Wirtshaus gegessen und für den letzten Kreuzer dazu getrunken.

1.23

I ate the last quarter in the inn and drank the last kreuzer with it.

Jetzt bin ich leer, und wenn du auch nichts mehr hast, so können wir miteinander betteln gehen.«

1.24

Now I am empty, and if you have nothing left, we can go begging together."

»Nein.« antwortete der heil. Petrus,

1.25

"No." replied St. Peter,

»das wird just nicht nötig sein;

1.26

"That won't be necessary;

ich verstehe mich ein wenig auf die Doktorei,

1.27

I know a little about doctoring,

1.28 und damit will ich mir schon soviel verdienen als ich brauche.«

and I want to earn as much as I need."

1.29 »Ja«, sagte der Bruder Lustig, »davon verstehe ich nichts, also muß ich allein betteln gehen.«

"Yes" said Friar Lustig, "I know nothing about it, so I must go begging alone."

1.30 »Nun, komm nur mit.«

"Well, come along," said St. Peter."

1.31 sprach der heil. Petrus, »wenn ich was verdiene, sollst du die Hälfte davon haben.«

"If I earn anything, you shall have half of it."

1.32 »Das ist mir wohl recht.« sagte der Bruder Lustig.

"That's all right with me." said Brother Lustig.

1.33 Also zogen sie miteinander fort.

So they went away together.

2.1 Nun kamen sie an ein Bauernhaus und hörten darin gewaltig jammern und schreien, da gingen sie hinein, so lag der Mann darin auf den Tod krank und war nahe am Verscheiden, und die Frau heulte und weinte ganz laut.

Now they came to a peasant's house and heard a great deal of wailing and crying, so they went in, and the man was lying there sick to death and close to passing away, and the woman was howling and weeping very loudly.

2.2 »Laßt Euer Heulen und Weinen.« sprach der heil. Petrus,

"Stop your weeping and wailing." said St. Peter,

2.3 »ich will den Mann wieder gesund machen.«

"I will make the man well again."

nahm eine Salbe aus der Tasche und heilte den
Kranken augenblicklich,

2.4

St. Peter took an ointment from his pocket and healed the
sick man instantly,

sodaß er aufstehen konnte und ganz gesund war.

2.5

so that he was able to stand up and was completely well.

Sprachen Mann und Frau in großer Freude:

2.6

The man and woman spoke with great joy:

»Wie können wir Euch lohnen? Was sollen wir Euch
geben?«

2.7

"How can we repay you? What shall we give you?"

Der heil. Petrus aber wollte nichts nehmen, und je
mehr ihn die Bauersleute baten, desto mehr weigerte
er sich.

2.8

St. But St. Peter would take nothing, and the more the
peasants begged him, the more he refused.

Der Bruder Lustig aber stieß den heil. Petrus an und
sagte: »So nimm doch was, wir brauchen's ja.«

2.9

The brother Lustig, however, nudged St. Peter and said:
"So what? Peter and said: "So take something, we need it."

Endlich brachte die Bäuerin ein Lamm und sprach zu
dem heil.

2.10

At last the farmer's wife brought a lamb and said to St.
Peter that it was needed.

Petrus, das müßte er annehmen, aber er wollte es
nicht.

2.11

Peter that he should take it, but he did not want it.

Da stieß ihn der Bruder Lustig in die Seite und
sprach,

2.12

Then Brother Lustig poked him in the side and said,

2.13 »Nimm's doch, dummer Teufel, wir brauchen's ja.«
"Take it, you stupid devil, we need it."

2.14 Da sagte der heil. Petrus endlich:
Then St. Peter said at last,

2.15 »Ja, das Lamm will ich nehmen, aber ich trag's nicht;
"Yes, I will take the lamb, but I will not carry it;

2.16 wenn du's willst, so mußt du es tragen.«
if you want it, you must carry it."

2.17 »Das hat keine Not.« sprach der Bruder Lustig,
"There is no need." said Friar Lustig,

2.18 »das will ich schon tragen.« und nahm's auf die Schulter.
"I will carry it." and he took it on his shoulder.

2.19 Nun gingen sie fort und kamen in einen Wald, da war das Lamm dem Bruder Lustig schwer geworden, er aber war hungrig, also sprach er zu dem heil.
Now they went away and came to a wood, where the lamb had become heavy for Brother Lustig, but he was hungry, so he said to St. Peter, "Look there.

2.20 Petrus:
Peter:

2.21 »Schau, da ist ein schöner Platz, da könnten wir das Lamm kochen und verzehren.«
"Look, there's a nice place where we could cook the lamb and eat it."

2.22 »Mir ist's recht.« antwortete der heil. Petrus,
"That's fine with me." replied St. Peter,

»doch kann ich mit der Kocherei nicht umgehen; 2.23
"but I can't handle the cooking;

willst du kochen, so hast du da einen Kessel, ich will 2.24
derweil auf und ab gehen, bis es gar ist.
if you want to cook, you have a kettle there, and I will go up
and down until it is done.

Du mußt aber nicht eher zu essen anfangen, als bis 2.25
ich wieder zurück bin;
But you don't have to start eating until I come back;

ich will schon zu rechter Zeit kommen.« 2.26
I'll be back in good time."

»Geh nur.« sagte Brüder Lustig, 2.27
"Go on." said Brother Lustig,

»ich verstehe mich aufs Kochen, ich will's schon 2.28
machen.«
"I know how to cook, I will do it."

Da ging der heil. Petrus fort und der Bruder Lustig 2.29
schlachtete das Lamm, machte Feuer an, warf das
Fleisch in den Kessel und kochte.
Then St. Peter went away and Brother Lustig slaughtered
the lamb, lit the fire, threw the meat into the cauldron and
cooked it.

Das Lamm war aber schon gar und der Apostel noch 2.30
immer nicht zurück, da nahm es Bruder Lustig aus
dem Kessel, zerschnitt es und fand das Herz.
But the lamb was already cooked and the apostle had not
yet returned, so Brother Lustig took it out of the cauldron,
cut it up and found the heart.

»Das soll das Beste sein.« sprach er und versuchte es, 2.31
"This should be the best." he said and tried it,

2.32 zuletzt aber aß er es ganz auf.
but in the end he ate it whole.

2.33 Endlich kam der heil. Petrus zurück und sprach:
At last St. Peter came back and said,

2.34 »Du kannst das ganze Lamm allein essen, ich will nur das Herz davon, das gieb mir.«
"You can eat the whole lamb, I only want the heart of it, give it to me."

2.35 Da nahm Bruder Lustig Messer und Gabel, that, als suchte er eifrig in dem Lammfleisch herum, konnte aber das Herz nicht finden: endlich sagte er kurzweg,
Then Brother Lustig took his knife and fork, and, as if eagerly searching through the lamb, could not find the heart: at last he said curtly,

2.36 »Es ist keins da.«
"There is none."

2.37 »Nun, wo soll's denn sein?« sagte der Apostel.
"Well, where should it be?" said the apostle.

2.38 »Das weiß ich nicht.« antwortete der Bruder Lustig,
"I don't know." replied the brother Lustig,

2.39 »aber schau, was sind wir alle beide für Narren, suchen das Herz vom Lamm und fällt keinem von uns ein, ein Lamm hat ja kein Herz!«
"but look, what fools we both are, looking for the heart of the lamb and none of us can think of a lamb that has no heart!"

2.40 »Ei.« sprach der heil. Petrus,
"Well." said St. Peter,

»das ist was ganz Neues, jedes Tier hat ja ein Herz, warum sollte ein Lamm denn kein Herz haben?« 2.41

"that's something quite new, every animal has a heart, why shouldn't a lamb have a heart?"

»Nein, gewißlich, Bruder, ein Lamm hat kein Herz, denk nur recht nach, so wird dir's einfallen, es hat im Ernst keins.« 2.42

"No, of course, brother, a lamb has no heart, just think about it and you'll realize that it really doesn't have one."

»Nun, es ist schon gut.« sagte der heil. Petrus, 2.43

"Well, that's all right." said St. Peter,

»ist kein Herz da, so brauch ich auch nichts vom Lamm, du kannst's allein essen.« 2.44

"If there is no heart, I don't need any of the lamb, you can eat it yourself."

»Was ich halt nicht aufessen kann, 2.45

"What I can't eat,

das nehm ich mit in meinem Ranzen.« sprach der Bruder Lustig, 2.46

I'll take with me in my satchel." said the brother Lustig,

aß das halbe Lamm und steckte das übrige in seinen Ranzen. 2.47

ate half the lamb and put the rest in his satchel.

Sie gingen weiter, da machte der heil. Petrus, daß ein großes Wasser quer über den Weg floß und sie hindurch mußten. 3.1

They went on their way, when St. Peter saw that a large body of water was flowing across the path and they had to pass through it.

3.2 **Sprach der heil. Petrus: »Geh du nur voran.«**
St. Peter said, "You go ahead."

3.3 **»Nein.« antwortete der Bruder Lustig, »geh du voran.«**
"No." replied Brother Lustig, "you go ahead."

3.4 **und dachte: »Wenn dem das Wasser zu tief ist,**
and thought, "If the water is too deep for him,

3.5 **so bleib ich zurück.«**
I'll stay behind."

3.6 **Da schritt der heil. Petrus hindurch und das Wasser ging ihm nur bis ans Knie.**
So St. Peter walked through and the water only went up to his knee.

3.7 **Nun wollte Bruder Lustig auch hindurch,**
Now Brother Lustig wanted to go through too,

3.8 **aber das Wasser wurde größer und stieg ihm an den Hals.**
but the water got bigger and rose up to his neck.

3.9 **Da rief er: »Bruder, hilf mir.« Sagte der heil. Petrus:**
Then he called out: "Brother, help me." St. Peter said,

3.10 **»Willst du auch gestehen, daß du das Herz von dem Lamm gegessen hast?«**
"Will you also confess that you ate the heart of the lamb?"

3.11 **»Nein!« antwortete er. »ich hab es nicht gegessen.«**
"No!" he replied. "I have not eaten it."

Da ward das Wasser noch größer, und stieg ihm bis an den Mund: 3.12
Then the water increased and came up to his mouth:

»Hilf mir, Bruder.« rief der Soldat.   3.13
"Help me, brother." cried the soldier.

Sprach der heil. Petrus noch einmal: 3.14
St. Peter spoke again:

»Willst du auch gestehen, daß du das Herz vom Lamm gegessen hast?«   3.15
"Will you also confess that you ate the heart of the lamb?"

»Nein.« antwortete er, »ich hab es nicht gegessen.«   3.16
"No." he replied, "I have not eaten it."

Der heil. Petrus wollte ihn nicht ertrinken lassen,   3.17
St. Peter did not want to let him drown,

ließ das Wasser wieder fallen und half ihm hinüber.   3.18
so he dropped the water again and helped him across.

Nun zogen sie weiter und kamen in ein Reich, da hörten sie, daß die Königstochter todkrank läge.   4.1
Now they traveled on and came to a kingdom, where they heard that the king's daughter lay mortally ill.

»Holla, Bruder.« sprach der Soldat zum heil. Petrus,   4.2
"Well, brother." said the soldier to St. Peter,

»da ist ein Fang für uns, wenn wir die gesund machen, so ist uns auf ewige Zeiten geholfen.«   4.3
"There is a catch for us; if we can cure her, we shall be helped for ever."

4.4 Da war ihm der heil. Petrus nicht geschwind genug.
St. Peter was not quick enough for him.

4.5 »Nun, heb die Beine auf, Bruderherz.« sprach er zu
ihm,
"Now, pick up your legs, brother." he said to him,

4.6 »daß wir noch zu rechter Zeit hinkommen.«
"so that we can get there in good time."

4.7 Der heil. Petrus ging aber immer langsamer, wie
auch der Bruder Lustig ihn trieb und schob, bis sie
endlich hörten, die Königstochter wäre gestorben.
St. But St. Peter walked slower and slower, just as Brother
Lustig pushed and shoved him, until at last they heard that
the king's daughter had died.

4.8 »Da haben wir's.« sprach der Bruder Lustig,
"There we are." said Friar Lustig,

4.9 »das kommt von deinem schläfrigen Gang.«
"that's because of your sleepy walk."

4.10 »Sei nur still.« antwortete der heil. Petrus,
"Just be quiet." replied St. Peter,

4.11 »ich kann noch mehr als Kranke gesund machen,
"I can do more than heal the sick,

4.12 ich kann auch Tote wieder ins Leben erwecken.«
I can also bring the dead back to life."

4.13 »Nun, wenn das ist.« sagte der Bruder Lustig,
"Well, if that's the case." said Brother Lustig,

4.14 »so laß ich mir's gefallen,
"I'll put up with it,

das halbe Königreich mußt du uns aber zum wenigsten verdienen.«   4.15

but you'll have to earn half the kingdom for the least."

Darauf gingen sie in das königliche Schloß,   4.16

Then they went into the royal palace,

wo alles in großer Trauer war;   4.17

where all was in great mourning;

der heil. Petrus aber sagte zu dem König, er wolle die Tochter wieder lebendig machen.   4.18

St. Peter said to the king that he wanted to bring his daughter back to life.

Da ward er zu ihr geführt, und dann sprach er,   4.19

So he was led to her, and then he said,

»Bringt mir einen Kessel mit Wasser.«   4.20

"Bring me a kettle of water."

und wie der gebracht war, hieß er jedermann hinausgehen, und nur der Bruder Lustig durfte bei ihm bleiben.   4.21

and when it was brought, he ordered everyone to go out, and only the brother Lustig was allowed to stay with him.

Darauf schnitt er alle Glieder der Toten los und warf sie ins Wasser,   4.22

Then he cut off all the limbs of the dead and threw them into the water,

machte Feuer unter den Kessel und ließ sie kochen.   4.23

put fire under the kettle and let them boil.

4.24 Und wie alles Fleisch von den Knochen herabgefallen war, nahm er das schöne weiße Gebein heraus und legte es auf eine Tafel, und reihte und legte es nach seiner natürlichen Ordnung zusammen.

And when all the flesh had fallen from the bones, he took out the beautiful white bones and laid them on a table, and arranged and laid them together according to their natural order.

4.25 Als das geschehen war,

When this was done,

4.26 trat er davor und sprach dreimal:

he stood in front of it and said three times:

4.27 »Im Namen der allerheiligsten Dreifaltigkeit, Tote steh auf.«

"In the name of the Most Holy Trinity, arise dead."

4.28 Und beim drittenmal erhob sich die Königstochter lebendig,

And on the third time the king's daughter arose alive,

4.29 gesund und schön.

healthy and beautiful.

4.30 Nun war der König darüber in großer Freude, und sprach zum heil. Petrus:

Now the king was overjoyed and said to St. Peter:

4.31 »Begehre deinen Lohn, und wenn's mein halbes Königreich wäre, so will ich dir's geben.«

"Ask for your reward, and if it is half my kingdom, I will give it to you."

4.32 Der heil. Petrus aber antwortete,

St. Peter answered,

»Ich verlange nichts dafür.« 4.33

"I ask nothing in return."

»O, du Hans Narr!« 4.34

"Oh, you Hans fool!"

dachte der Bruder Lustig bei sich, stieß seinen 4.35
Kameraden in die Seite und sprach:

thought Brother Lustig to himself, poked his comrade in
the side and said,

»Sei doch nicht so dumm, wenn du nichts willst, so 4.36
brauch ich doch was.«

"Don't be so stupid, if you don't want anything, I need
something."

Der heilige Petrus aber wollte nichts; 4.37

St. Peter, however, wanted nothing;

doch weil der König sah, daß der andere gern was 4.38
wollte, ließ er ihm vom Schatzmeister seinen Ranzen
mit Gold anfüllen.

but as the king saw that the other wanted something, he
had the treasurer fill his satchel with gold.

Sie zogen darauf weiter und wie sie in einen Wald 5.1
kamen, sprach der heil. Petrus zum Bruder Lustig:

They went on their way, and when they came to a forest, St.
Peter said to Brother Lustig:

»Jetzt wollen wir das Gold teilen.« 5.2

"Now let us divide the gold."

»Ja.« antwortete er, »das wollen wir thun.« 5.3

"Yes." he replied, "we will do that."

5.4 **Da teilte der heil. Petrus das Gold, und teilte es in drei Teile.**

Then St. Peter divided the gold and divided it into three parts.

5.5 **Dachte der Bruder Lustig:**

Brother Lustig thought:

5.6 **»Was er wieder für einen Sparren im Kopf hat;**

"What a rafter he has in his head again;

5.7 **macht drei Teile und unser sind zwei.«**

make three parts and ours are two."

5.8 **Der heil. Petrus aber sprach:**

But St. Peter said,

5.9 **»Nun habe ich genau geteilt, ein Teil für mich, ein Teil für dich, und ein Teil für den, der das Herz vom Lamm gegessen hat.«**

"Now I have divided it exactly, one part for me, one part for you, and one part for the one who ate the heart of the lamb."

5.10 **»O, das hab ich gegessen.«**

"Oh, I ate it."

5.11 **antwortete der Bruder Lustig und strich geschwind das Gold ein,**

replied the brother Lustig, quickly brushing off the gold,

5.12 **»das kannst du mir glauben.«**

"you can believe me."

5.13 **»Wie kann das wahr sein.« sprach der heil. Petrus,**

"How can that be true." said St. Peter,

»ein Lamm hat ja kein Herz.«   5.14
"a lamb has no heart."

»Ei was, Bruder, wo denkst du hin;   5.15
"Well, brother, what are you thinking;

ein Lamm hat ja ein Herz so gut wie jedes Tier,   5.16
a lamb has as good a heart as any animal,

warum sollte das allein keins haben?«   5.17
why shouldn't it have one?"

»Nun, es ist schon gut.« sagte der heil. Petrus,   5.18
"Well, that's all right." said St. Peter,

»behalt das Gold allein,   5.19
"keep the gold alone,

aber ich bleibe nicht mehr bei dir und will meinen   5.20
Weg allein gehen.«
but I will no longer stay with you and will go my own way."

»Wie du willst, Bruderherz.« antwortete der Soldat,   5.21
"As you wish, my brother." replied the soldier,

»leb wohl.«   5.22
"farewell."

Da ging der heil. Petrus eine andere Straße,   6.1
Then St. Peter went another way,

Bruder Lustig aber dachte: 6.2
but Brother Lustig thought:

6.3 »Es ist gut, daß er abtrabt, es ist doch ein wunderlicher Heiliger.«

"It is well that he should go away, he is a strange saint after all."

6.4 Nun hatte er zwar Geld genug, wußte aber nicht damit umzugehen, verthat's, verschenkt's, und wie eine Zeit herum war, hatte er wieder nichts.

Now he had money enough, but he did not know what to do with it, he squandered it, gave it away, and after a time he had nothing again.

6.5 Da kam er in ein Land, wo er hörte, daß die Königstochter gestorben wäre.

Then he came to a country where he heard that the King's daughter had died.

6.6 »Holla!« dachte er,

"Well!" thought he,

6.7 »das kann gut werden, die will ich wieder lebendig machen, und mir's bezahlen lassen, daß es eine Art hat.«

"that may turn out well, I will bring her back to life again, and have it paid for me, so that it will have a kind."

6.8 Ging also zum König und bot ihm an, die Tote wieder zu erwecken.

So he went to the king and offered to bring the dead woman back to life.

Nun hatte der König gehört, daß ein abgedankter 6.9
Soldat herumziehe und die Gestorbenen wieder
lebendig mache, und dachte, der Bruder Lustig wäre
dieser Mann, doch weil er kein Vertrauen zu ihm
hatte, fragte er erst seine Räte, die sagten aber, er
könnte es wagen, da seine Tochter doch tot wäre.

Now the King had heard that an abdicated soldier was
going about bringing the dead back to life, and thought that
Brother Lustig was this man, but as he had no confidence
in him, he first asked his counselors, but they said he might
dare to do it, as his daughter was dead.

Nun ließ sich der Bruder Lustig Wasser im Kessel 6.10
bringen, hieß jedermann hinausgehen, schnitt die
Glieder ab, warf sie ins Wasser und machte Feuer
darunter, gerade wie er es beim heil.

So Brother Lustig had water brought to him in a cauldron,
ordered everyone to go out, cut off the limbs, threw them
into the water and set fire to them, just as he had seen St.
Peter do.

Petrus gesehen hatte. 6.11

Peter had seen.

Das Wasser fing an zu kochen, und das Fleisch fiel 6.12
herab, da nahm er das Gebein heraus und that es auf
die Tafel:

The water began to boil, and the meat fell down, so he took
out the bones and put them on the table:

er wußte aber nicht, in welcher Ordnung es liegen 6.13
mußte, und legte alles verkehrt durcheinander.

but he did not know in what order they should lie, and put
them all upside down.

Dann stellte er sich davor und sprach: 6.14

Then he stood in front of it and said,

6.15 »Im Namen der allerheiligsten Dreifaltigkeit, Tote steh auf.«

"In the name of the Most Holy Trinity, dead men rise."

6.16 und sprach's dreimal, aber die Gebeine rührten sich nicht.

and said it three times, but the bones did not move.

6.17 Da sprach er es noch dreimal, aber gleichfalls umsonst.

Then he said it three more times, but also in vain.

6.18 »Du Blitzmädel, steh auf.« rief er, »steh auf,

"You lightning girl, get up." he called, "get up,

6.19 oder es geht dir nicht gut.«

or you will not be well."

6.20 Wie er das gesprochen, kam der heil. Petrus auf einmal in seiner vorigen Gestalt, als verabschiedeter Soldat, durchs Fenster hereingegangen und sprach:

As he said this, St. Peter suddenly came in through the window in his former form, as a farewell soldier, and said,

6.21 »Du gottloser Mensch, was treibst du da, wie kann die Tote auferstehen, da du ihr Gebein so untereinander geworfen hast?«

"You godless man, what are you doing, how can the dead woman rise, since you have thrown her bones among yourselves like this?"

6.22 »Bruderherz, ich hab's gemacht, so gut ich konnte.«

"Brother, I have done as well as I could."

6.23 antwortete er.

he replied.

»Diesmal will ich dir aus der Not helfen, aber das sage ich dir, wo du noch einmal so etwas unternimmst, so bist du unglücklich, auch darfst du von dem König nicht das Geringste dafür begehren oder annehmen.«

6.24

"This time I will help you out of your trouble, but I tell you that if you do such a thing again, you will be unhappy, and you must not ask or accept anything from the king in return."

Darauf legte der heil. Petrus die Gebeine in ihre rechte Ordnung,

6.25

Thereupon St. Peter placed the bones in their proper order,

sprach dreimal zu ihr:

6.26

said to her three times:

»Im Namen der allerheiligsten Dreifaltigkeit, Tote, steh auf.«

6.27

"In the name of the Most Holy Trinity, dead woman, arise."

und die Königstochter stand auf, war gesund und schön wie vorher.

6.28

And the king's daughter arose and was as healthy and beautiful as before.

Nun ging der heil. Petrus wieder durchs Fenster hinaus;

6.29

Now St. Peter went out of the window again;

der Bruder Lustig war froh, daß es so gut abgelaufen war, ärgerte sich aber doch, daß er nichts dafür nehmen sollte.

6.30

Brother Lustig was glad that it had gone so well, but was annoyed that he should take nothing for it.

»Ich möchte nur wissen.« dachte er,

6.31

"I should only like to know." thought he,

6.32 »was der für Mucken im Kopf hat, denn was er mit der einen Hand giebt, das nimmt er mit der anderen;

"what kind of a head he has, for what he gives with one hand he takes with the other;

6.33 da ist kein Verstand drin.«

there is no sense in it."

6.34 Nun bot der König dem Bruder Lustig an, was er haben wollte, er durfte aber nichts nehmen, doch brachte er es durch Anspielung und Listigkeit dahin, daß ihm der König seinen Ranzen mit Gold füllen ließ, und damit zog er ab.

Now the King offered Brother Lustig what he wanted, but he was not allowed to take anything, but by insinuation and cunning he got the King to fill his satchel with gold, and with that he departed.

6.35 Als er hinauskam, stand vor dem Thor der heil. Petrus und sprach:

When he came out, St. Peter stood outside the gate and said,

6.36 »Schau, was du für ein Mensch bist, habe ich dir nicht verboten, etwas zu nehmen, und nun hast du den Ranzen doch voll Gold.«

"Look what a man you are, I did not forbid you to take anything, and now you have a satchel full of gold."

6.37 »Was kann ich dafür.« antwortete Bruder Lustig,

"What can I do for it." answered Brother Lustig,

6.38 »wenn mir's hineingesteckt wird.«

"if it is put into my pocket."

»Das sag ich dir, daß du nicht zum zweitenmal solche Dinge unternimmst, sonst soll es dir schlimm ergehen.« 6.39

"I tell you not to do such things a second time, or it will be bad for you."

»Ei, Bruder, sorg doch nicht, jetzt hab ich Gold, was soll ich mich da mit dem Knochenwaschen abgeben.« 6.40

"Oh, brother, don't worry, I have gold now, why should I bother myself with washing bones."

»Ja.« sprach der heil. Petrus, 6.41

"Yes." said St. Peter,

»das Gold wird lange dauern! 6.42

"the gold will last a long time!

Damit du aber hernach nicht wieder auf unerlaubten Wegen gehst, so will ich deinem Ranzen die Kraft geben, daß alles, was du dir hinein wünschest, auch darin sein soll. 6.43

But so that you will not go astray again afterward, I will give your satchel the strength to contain everything you desire.

Leb wohl, du siehst mich nun nicht wieder.« 6.44

Farewell, you will not see me again."

»Gott befohlen.« sprach der Bruder Lustig, und dachte: 6.45

"God commanded." said Brother Lustig, and thought,

»Ich bin froh, daß du fortgehst, du wunderlicher Kauz, ich will dir wohl nicht nachgehen.« 6.46

"I am glad you are going away, you strange fellow, I shall not follow you."

6.47 An die Wunderkraft aber, die seinem Ranzen verliehen war, dachte er nicht weiter.

But he gave no further thought to the miraculous power which had been given to his satchel.

7.1 Bruder Lustig zog mit seinem Gold umher,

Brother Lustig went about with his gold,

7.2 und verthat's und verfumfeit's wie das erste Mal.

and lost it and squandered it like the first time.

7.3 Als er nun nichts mehr als vier Kreuzer hatte, kam er an einem Wirtshause vorbei und dachte,

When he had nothing more than four kreuzer, he passed an inn, and thought,

7.4 »Das Geld muß fort.«

"The money must go."

7.5 und ließ sich für drei Kreuzer Wein und einen Kreuzer Brot geben.

and asked for three kreuzer's worth of wine and one kreuzer's worth of bread.

7.6 Wie er dasaß und trank,

As he sat there drinking,

7.7 kam ihm der Geruch von gebratenen Gänsen in die Nase.

the smell of roast goose came into his nose.

7.8 Bruder Lustig schaute und guckte und sah, daß der Wirt zwei Gänse in der Ofenröhre stehen hatte.

Brother Lustig looked and looked and saw that the innkeeper had two geese in the oven.

Da fiel ihm ein, daß ihm sein Kamerad gesagt hatte, 7.9
was er sich in seinen Ranzen wünschte, das sollte
darin sein.
Then he remembered that his comrade had told him what
he wanted in his satchel.

»Holla, das mußt du mit den Gänsen versuchen!« 7.10
"Holla, you must try that with the geese!"

Also ging er hinaus, und vor der Thür sprach er: 7.11
So he went out, and at the door he said,

»So wünsch ich die zwei gebratenen Gänse aus der 7.12
Ofenröhre in meinen Ranzen.«
"I wish the two roast geese from the oven into my
knapsack."

Wie er das gesagt hatte, schnallte er ihn auf und 7.13
schaute hinein, da lagen sie beide darin.
When he had said this, he unbuckled it and looked in, and
there they both lay.

»Ach, so ist's recht.« sprach er, 7.14
"Oh, that's right." he said,

»nun bin ich ein gemachter Kerl.« 7.15
"now I'm a made man."

ging fort auf eine Wiese und holte den Braten hervor. 7.16
He went away to a meadow and took out the roast.

Wie er so im besten Essen war, kamen zwei 7.17
Handwerksburschen daher und sahen die eine
Gans, die noch nicht angerührt war, mit hungrigen
Augen an.
As he was eating his best, two workmen came along and
looked at the goose, which had not yet been touched, with
hungry eyes.

7.18 Dachte der Bruder Lustig: »Mit einer hast du genug.«
Brother Lustig thought: "You've had enough with one."

7.19 rief die zwei Burschen herbei und sprach,
He called the two lads over and said,

7.20 »Da nehmt die Gans und verzehrt sie auf meine Gesundheit.«
"Take the goose and eat it for my health."

7.21 Sie bedankten sich, gingen damit ins Wirtshaus, ließen sich eine halbe Wein und ein Brot geben, packten die geschenkte Gans aus und fingen an zu essen.
They thanked him, went into the inn, had half a glass of wine and a loaf of bread given to them, unwrapped the goose they had been given and began to eat.

7.22 Die Wirtin sah zu und sprach zu ihrem Mann:
The landlady looked on and said to her husband:

7.23 »Die zwei essen eine Gans, sieh doch nach, ob's nicht eine von unseren aus der Ofenröhre ist.«
"Those two are eating a goose, why don't you go and see if it's not one of ours from the oven."

7.24 Der Wirt lief hin, da war die Ofenröhre leer:
The landlord ran over, and the oven was empty:

7.25 »Was, ihr Diebsgesindel, so wohlfeil wollt ihr Gänse essen;
"What, you thieves, you want to eat geese so cheaply;

7.26 gleich bezahlt,
pay right away,

oder ich will euch mit grünem Haselsaft waschen.« 7.27
or I will wash you with green hazel juice."

Die zwei sprachen: »Wir sind keine Diebe, 7.28
The two said: "We are not thieves,

ein abgedankter Soldat hat uns die Gans draußen auf 7.29
der Wiese geschenkt.«
a soldier who had resigned gave us the goose out in the
meadow."

»Ihr sollt mir keine Nase drehen, der Soldat ist 7.30
hier gewesen, aber als ein ehrlicher Kerl zur Thür
hinausgegangen, auf den hab ich acht gehabt;
"Don't turn your noses at me, the soldier was here, but he
went out the door as an honest fellow, and I took care of
him;

ihr seid die Diebe und sollt bezahlen.« 7.31
you are the thieves and should pay."

Da sie aber nicht bezahlen konnten, 7.32
But as they could not pay,

nahm er den Stock und prügelte sie zur Thür hinaus. 7.33
he took the stick and beat them out of the door.

Bruder Lustig ging seiner Wege und kam an einen 8.1
Ort, da stand ein prächtiges Schloß und nicht weit
davon ein schlechtes Wirtshaus.
Brother Lustig went on his way and came to a place where
there was a splendid castle and not far from it a poor inn.

Er ging in das Wirtshaus und bat um ein Nachtlager, 8.2
aber der Wirt wies ihn ab und sprach,
He went into the inn and asked for a night's lodging, but
the landlord refused him, saying,

8.3 »Es ist kein Platz mehr da,
"There is no more room,

8.4 das Haus ist voll vornehmer Gäste.«
the house is full of distinguished guests."

8.5 »Das nimmt mich wunder.« sprach der Bruder Lustig,
"I am surprised." said Brother Lustig,

8.6 »daß sie zu Euch kommen und nicht in das prächtige Schloß gehen.«
"that they should come to you and not go to the splendid castle."

8.7 »Ja.« antwortete der Wirt,
"Yes." replied the innkeeper,

8.8 »es hat was an sich, dort eine Nacht zu liegen, wer's noch versucht hat, ist nicht lebendig wieder herausgekommen.«
"there is something in lying there for a night, and those who have tried it have not come out alive."

8.9 »Wenns andere versucht haben.« sagte der Bruder Lustig,
"If others have tried it." said Brother Lustig,

8.10 »will ich's auch versuchen.«
"I will try it too."

8.11 »Das laßt nur bleiben.« sprach der Wirt,
"Don't do that." said the landlord,

8.12 »es geht Euch an den Hals.«
"it'll go down your throat."

8.13 »Es wird nicht gleich an den Hals gehen.«
"It won't go straight to my neck."

sagte der Bruder Lustig, 8.14

said Brother Lustig,

»gebt mir nur die Schlüssel und brav Essen und 8.15
Trinken mit.«

"just give me the keys and bring me some good food and
drink."

Nun gab ihm der Wirt die Schlüssel und Essen und 8.16
Trinken, und damit ging der Bruder Lustig ins
Schloß, ließ sich's gut schmecken, und als er endlich
schläfrig wurde, legte er sich auf die Erde, denn es
war kein Bett da.

Now the innkeeper gave him the keys and food and drink,
and with that Brother Lustig went into the castle, enjoyed
himself, and when he finally became sleepy, he lay down on
the ground, for there was no bed.

Er schlief auch bald ein. 8.17

He soon fell asleep.

In der Nacht aber wurde er von einem großen Lärm 8.18
aufgeweckt, und wie er sich ermunterte, sah er neun
häßliche Teufel in dem Zimmer, die hatten einen
Kreis um ihn gemacht und tanzten um ihn herum.

In the night, however, he was awakened by a great noise,
and as he roused himself he saw nine ugly devils in the
room, who had made a circle round him and were dancing
round him.

Sprach der Bruder Lustig: 8.19

Brother Lustig said,

»Nun tanzt, solange ihr wollt, aber komm mir keiner 8.20
zu nahe.«

"Now dance as long as you like, but don't come too close to
me."

8.21 Die Teufel aber drangen immer näher auf ihn ein und traten ihm mit ihren garstigen Füßen fast ins Gesicht.

But the devils came closer and closer to him and almost kicked him in the face with their nasty feet.

8.22 »Habt Ruh, ihr Teufelsgespenster.« sprach er,

"Be quiet, you devilish ghosts." he said,

8.23 aber sie trieben's immer ärger.

but they were getting worse and worse.

8.24 Da ward der Bruder Lustig böse und rief: »Holla,

Then Brother Lustig got angry and shouted, "Holla,

8.25 ich will bald Ruhe stiften!«

I want to make peace soon!"

8.26 kriegte ein Stuhlbein und schlug mitten hinein.

He got a chair leg and smashed into the middle of it.

8.27 Aber neun Teufel gegen einen Soldaten war doch zu viel, und wenn er auf den vorderen zuschlug, so packten ihn die anderen hinten bei den Haaren und rissen ihn erbärmlich.

But nine devils against one soldier was too many, and when he hit the one in front, the others grabbed him by the hair behind and tore him apart.

8.28 »Teufelspack.« rief er,

"Devil pack." he shouted,

8.29 »jetzt wird mir's zu arg, wartet aber!

"now it's getting too bad for me, but wait!

8.30 Alle neune in meinen Ranzen hinein!«

All nine of them into my satchel!"

husch, steckten sie darin, und nun schnallte er ihn zu und warf ihn in eine Ecke. 8.31

Shoo, they put them in, and now he fastened it and threw it into a corner.

Da war's auf einmal still, 8.32

Then all at once it was quiet,

und Bruder Lustig legte sich wieder hin und schlief bis an den hellen Morgen. 8.33

and Brother Lustig lay down again and slept till daylight.

Nun kamen der Wirt und der Edelmann, dem das Schloß gehörte, und wollten sehen wie es ihm ergangen wäre; 8.34

Now the innkeeper and the nobleman who owned the castle came to see how he had fared;

als sie ihn gesund und munter erblickten, erstaunten sie und fragten, 8.35

when they saw him safe and sound, they were astonished and asked,

»Haben Euch denn die Geister nichts gethan?« 8.36

"Have the ghosts done you no harm?"

»Warum nicht gar.« antwortete Bruder Lustig, 8.37

"Why not." replied Brother Lustig,

»ich habe sie alle neune in meinem Ranzen. 8.38

"I have them all nine in my satchel.

Ihr könnt Euer Schloß wieder ganz ruhig bewohnen, 8.39

You can live in your castle in peace again; from now on,

es wird von nun an keiner mehr darin umgehen!« 8.40

no one will go around it!"

8.41 Da dankte ihm der Edelmann, beschenkte ihn reichlich und bat ihn in seinen Diensten zu bleiben, er wollte ihn auf sein Lebtag versorgen.

The nobleman thanked him, gave him a generous gift and asked him to remain in his service, as he wanted to provide for him for the rest of his life.

8.42 »Nein.« antwortete er,

"No." he replied,

8.43 »ich bin an das Herumwandern gewöhnt, ich will weiter ziehen.«

"I'm used to wandering around, I want to move on."

8.44 Da ging der Bruder Lustig fort, trat in eine Schmiede und legte den Ranzen, worin die neun Teufel waren, auf den Amboß, und bat den Schmied und seine Gesellen zuzuschlagen.

Then Brother Lustig went away, entered a smithy and put the satchel containing the nine devils on the anvil, and asked the smith and his journeymen to strike it.

8.45 Die schlugen mit ihren großen Hämmern aus allen Kräften zu,

They struck with their great hammers with all their might,

8.46 daß die Teufel ein erbärmliches Gekreisch erhoben.

so that the devils raised a miserable shriek.

8.47 Wie er danach den Ranzen aufmachte, waren achte tot, einer aber, der in einer Falte gesessen hatte, war noch lebendig, schlüpfte heraus und fuhr wieder in die Hölle.

When he then opened the satchel, eight were dead, but one, who had been sitting in a fold, was still alive, slipped out and went back to hell.

Darauf zog der Bruder Lustig noch lange in der
Welt herum, und wer's wüßte, könnte viel davon
erzählen.

9.1

Then Brother Lustig wandered about the world for a long
time, and anyone who knew could tell a lot about it.

Endlich aber wurde er alt und dachte an sein Ende,
da ging er zu einem Einsiedler, der als ein frommer
Mann bekannt war und sprach zu ihm:

9.2

But at last he grew old and thought of his end, so he went to
a hermit who was known as a pious man and said to him:

»Ich bin des Wanderns müde und will nun trachten,
in das Himmelreich zu kommen.«

9.3

"I am tired of wandering and will now seek to enter the
kingdom of heaven."

Der Einsiedler antwortete:

9.4

The hermit replied:

»Es giebt zwei Wege, der eine ist breit und angenehm,
und führt zur Hölle, der andere ist eng und rauh, und
führt zum Himmel.«

9.5

"There are two paths, one is wide and pleasant and leads to
hell, the other is narrow and rough and leads to heaven."

»Da müßt ich ein Narr sein.« dachte der Bruder
Lustig,

9.6

"I must be a fool." thought Brother Lustig,

»wenn ich den engen und rauhen Weg gehen sollte.«

9.7

"if I were to take the narrow and rough path."

9.8 Machte sich auf und ging den breiten und angenehmen Weg, und kam endlich zu einem großen schwarzen Thor, und das war das Thor der Hölle.

He set out and went the broad and pleasant way, and at last came to a great black gate, and that was the gate of hell.

9.9 Bruder Lustig klopfte an und der Thorwächter guckte,

Brother Lustig knocked,

9.10 wer da wäre.

and the gatekeeper looked to see who was there.

9.11 Wie er aber den Bruder Lustig sah, erschrak er, denn er war gerade der neunte Teufel, der mit in dem Ranzen gesteckt hatte und mit einem blauen Auge davongekommen war.

But when he saw Brother Lustig, he was startled, for he was the ninth devil who had been in the satchel and had escaped with a black eye.

9.12 Darum schob er den Riegel geschwind wieder vor, lief zum Obersten der Teufel und sprach:

So he quickly pushed the bolt forward again, ran to the chief of the devils and said,

9.13 »Draußen ist ein Kerl mit einem Ranzen und will herein, aber laßt ihn bei Leibe nicht herein, er wünscht sonst die ganze Hölle in seinen Ranzen.

"There's a fellow outside with a satchel and he wants to come in, but don't let him in, or he'll want all hell in his satchel.

9.14 Er hat mich einmal garstig darin hämmern lassen.«

He once gave me a nasty hammering in it."

Also ward dem Bruder Lustig hinausgerufen, er sollte wieder abgehen, er käme nicht herein. 9.15
So Brother Lustig was called out and told to go away again, he would not come in.

»Wenn sie mich da nicht wollen.« dachte er, 9.16
"If they don't want me there." he thought,

»will ich sehen, ob ich im Himmel ein Unterkommen finde, irgendwo muß ich doch bleiben.« 9.17
"I'll see if I can find a place to stay in heaven, I have to stay somewhere."

Kehrte also um und zog weiter, bis er vor das Himmelsthor kam, wo er auch anklopfte. 9.18
So he turned back and went on until he came to the gate of heaven, where he knocked.

Der heil. Petrus saß gerade dabei als Thorwächter; 9.19
St. Peter was sitting there as gatekeeper;

der Bruder Lustig erkannte ihn gleich und dachte: 9.20
Brother Lustig recognized him immediately and thought:

»Hier findest du einen alten Freund, da wird's besser gehen.« 9.21
"Here you will find an old friend, it will be better there."

Aber der heil. Petrus sprach: 9.22
But St. Peter said:

»Ich glaube gar, du willst in den Himmel?« 9.23
"I think you want to go to heaven?"

9.24 »Laß mich doch ein, Bruder, ich muß doch
wo einkehren, hätten sie mich in der Hölle
aufgenommen, so wäre ich nicht hierher gegangen.«
"Let me in, brother, I must go somewhere; if they had
admitted me to hell, I would not have gone here."

9.25 »Nein.« sagte der heil. Petrus,
"No." said St. Peter,

9.26 »du kommst nicht herein.«
"you will not come in."

9.27 »Nun, willst du mich nicht einlassen, so nimm auch
deinen Ranzen wieder;
"Well, if you will not let me in, take back your satchel;

9.28 dann will ich gar nichts von dir haben.«
then I will have nothing of you."

9.29 sprach der Bruder Lustig. »So gieb ihn her.«
said Friar Lustig. "Give it to me."

9.30 sagte der heil. Petrus.
said St. Peter.

9.31 Da reichte er den Ranzen durchs Gitter in den
Himmel hinein,
So he handed the satchel through the lattice into heaven,

9.32 und der heil. Petrus nahm ihn und hing ihn neben
seinem Sessel auf.
and St. Peter took it and hung it up next to his chair.

9.33 Da sprach der Bruder Lustig,
Then Brother Lustig said,

»Nun wünsch ich mich selbst in meinen Ranzen hinein.«   9.34

"Now I wish myself into my satchel."

Husch, war er darin, und saß nun im Himmel, und der heil. Petrus mußte ihn darin lassen.   9.35

Shoo, he was in it, and was now sitting in heaven, and St. Peter had to leave him in it.

Der Rabe

The Raven

1.1 **Es war einmal eine Königin, die hatte ein Töchterchen, das war noch klein und mußte auf dem Arm getragen werden.**

Once upon a time there was a queen who had a little daughter who was still small and had to be carried in her arms.

1.2 **Zu einer Zeit war das Kind unartig, und die Mutter mochte sagen was sie wollte, es hielt nicht Ruhe.**

At one time the child was naughty, and her mother could say what she liked, but she would not rest.

1.3 **Da ward sie ungeduldig, und weil die Raben so um das Schloß herumflogen, öffnete sie das Fenster und sagte:**

Then she grew impatient, and as the ravens were flying about the castle, she opened the window and said,

1.4 **»Ich wollte, du wärst ein Rabe und flögst fort, so hätte ich Ruhe.«**

"I wish you were a raven and would fly away, so that I might have peace."

Kaum hatte sie daß gesagt, so war das Kind in einen Raben verwandelt und flog von ihrem Arm zum Fenster hinaus.

No sooner had she said this than the child was transformed into a raven and flew from her arm out of the window.

Er flog aber in einen dunkeln Wald und blieb lange Zeit darin und die Eltern hörten nichts von ihm.

But he flew into a dark wood, and remained there a long time, and the parents heard nothing of him.

Danach führte einmal einen Mann sein Weg in diesen Wald, der hörte den Raben rufen und ging, der Stimme nach, und als er näher kam, sprach der Rabe:

Then once a man's path led him into this forest, he heard the raven calling and went after the voice, and when he came nearer, the raven said,

»Ich bin eine Königstochter von Geburt und bin verwünscht worden,

"I am a king's daughter by birth and have been cursed,

du aber kannst mich erlösen.«

but you can redeem me."

»Was soll ich thun?« fragte er. Sie sagte:

"What shall I do?" he asked. She said,

»Geh weiter in den Wald und du wirst ein Haus finden, darin sitzt eine alte Frau;

"Go further into the forest and you will find a house where an old woman is sitting;

die wird dir Essen und Trinken reichen,

she will give you food and drink,

1.13 **aber du darfst nichts nehmen: wenn du etwas ißest oder trinkst,**

but you must not take anything: if you eat or drink anything,

1.14 **so verfällst du in einen Schlaf und kannst du mich nicht erlösen!**

you will fall asleep and you will not be able to redeem me!

1.15 **Im Garten hinter dem Haus ist eine große Lohhucke,**

In the garden behind the house is a large haystack,

1.16 **darauf sollst du stehen und mich erwarten.**

on which you shall stand and wait for me.

1.17 **Drei Tage lang komm ich jeden Mittag um zwei Uhr zu dir in einem Wagen, der ist erst mit vier weißen Hengsten bespannt, dann mit vier roten und zuletzt mit vier schwarzen, wenn du aber nicht wach bist, sondern schläfst, so werde ich nicht erlöst.«**

For three days I will come to you every noon at two o'clock in a cart, first with four white stallions, then with four red ones and finally with four black ones, but if you are not awake but asleep, I will not be delivered."

1.18 **Der Mann versprach alles zu thun, was sie verlangt hatte.**

The man promised to do everything she had asked.

1.19 **Der Rabe aber sagte:**

But the raven said,

1.20 **»Ach, ich weiß es schon, du wirst mich nicht erlösen, du nimmst etwas von der Frau.«**

"Oh, I already know, you will not deliver me, you will take something from the woman."

Da versprach, der Mann noch einmal, er wollte gewiß nichts anrühren weder von dem Essen noch von dem Trinken.

1.21

Then the man promised once more that he would certainly not touch any of the food or drink.

Wie er aber in das Haus kam, trat die alte Frau zu ihm und sagte:

1.22

But when he came into the house, the old woman came up to him and said,

»Armer Mann, was seid ihr abgemattet, kommt und erquickt Euch, esset und trinket.« –

1.23

"Poor man, how tired you are, come and refresh yourself, eat and drink." –

»Nein.« sagte der Mann,

1.24

"No." said the man,

»ich will nicht essen und nicht trinken.«

1.25

"I will neither eat nor drink."

Sie ließ ihm aber keine Ruhe und sprach:

1.26

But she gave him no peace, and said,

»Wenn Ihr denn nicht essen wollt, so thut einen Zug aus dem Glas, einmal ist keinmal.«

1.27

"If you will not eat, take a draught from the glass; once is not enough."

Da ließ er sich überreden und trank.

1.28

So he was persuaded and drank.

Nachmittags gegen zwei Uhr ging er hinaus in den Garten auf die Lohhucke und wollte auf den Raben warten.

1.29

In the afternoon, at about two o'clock, he went out into the garden and wanted to wait for the raven.

1.30 Wie er da stand, ward er auf einmal so müde, und konnte es nicht überwinden und legte sich ein wenig nieder; doch wollte er nicht einschlafen.

As he stood there, he suddenly became so tired that he could not get over it and lay down for a while, but he did not want to fall asleep.

1.31 Aber kaum hatte er sich hingestreckt, so fielen ihm die Augen von selber zu, und er schlief ein und schlief so fest, daß ihn nichts auf der Welt hätte erwecken können.

But no sooner had he stretched himself out than his eyes closed of their own accord, and he fell asleep, and slept so soundly that nothing in the world could have awakened him.

1.32 Um zwei Uhr kam der Rabe mit vier weißen Hengsten gefahren, aber sie war schon in voller Trauer und sprach,

At two o'clock the raven came with four white stallions, but she was already in full mourning, and said,

1.33 »Ich weiß, daß er schläft.«

"I know he is asleep."

1.34 Und als sie in den Garten kam,

And when she came into the garden he was also lying there on the haystack,

1.35 lag er auch da auf der Lohhucke und schlief.

asleep.

1.36 Sie stieg aus dem Wagen, ging zu ihm und schüttelte ihn und rief ihn an, aber er erwachte nicht.

She got out of the carriage, went to him, and shook him, and called to him, but he did not awake.

Am anderen Tage zur Mittagszeit kam die alte Frau
wieder und brachte ihm Essen und Trinken,

1.37

The next day at midday the old woman came again and
brought him food and drink,

aber er wollte es nicht annehmen.

1.38

but he would not accept it.

Doch sie ließ ihm keine Ruhe und redete ihm so lange
zu, bis er wieder einen Zug aus dem Glase that.

1.39

But she would not let him rest and kept talking to him until
he took another sip from the glass.

Gegen zwei Uhr ging er in den Garten auf die
Lohhucke und wollte auf den Raben warten.

1.40

At about two o'clock he went into the garden to the loft and
wanted to wait for the raven.

Da empfand er auf einmal so große Müdigkeit, daß
seine Glieder ihn nicht mehr hielten: er konnte sich
nicht helfen, mußte sich legen und fiel in tiefen
Schlaf.

1.41

Then he suddenly felt so much fatigue that his limbs could
no longer support him; he could not help himself, had to lie
down, and fell into a deep sleep.

Als der Rabe daher fuhr mit vier roten Hengsten, war
sie schon in voller Trauer und sagte,

1.42

When the raven rode along with four red stallions, she was
already in full mourning, and said,

»Ich weiß, daß er schläft.« Sie ging zu ihm hin,

1.43

"I know he is asleep." She went to him,

aber er lag da im Schlaf und war nicht zu erwecken.

1.44

but he lay there asleep and could not be awakened.

1.45 Am anderen Tage sagte die alte Frau, was das wäre? er äße und tränke nichts, ob er sterben wollte? Er antwortete,

The next day the old woman asked him what it was, that he neither ate nor drank, and whether he wanted to die? He replied,

1.46 »Ich will und darf nicht essen und nicht trinken.«

"I don't want to and mustn't eat or drink."

1.47 Sie stellte aber die Schüssel mit Essen und das Glas mit Wein vor ihn hin, und als der Geruch davon zu ihm aufstieg, so konnte er nicht widerstehen und that einen starken Zug.

But she placed the bowl of food and the glass of wine before him, and when the smell of them came to him, he could not resist and took a strong draught.

1.48 Als die Zeit kam,

When the time came,

1.49 ging er hinaus in den Garten auf die Lohhucke und wartete auf die Königstochter;

he went out into the garden to the tan-hill and waited for the king's daughter;

1.50 da ward er noch müder, als die Tage vorher, legte sich nieder und schlief so fest, als wäre er ein Stein.

then he grew more tired than ever, and lay down and slept as soundly as if he were a stone.

1.51 Um zwei Uhr kam der Rabe und hatte vier schwarze Hengste,

At two o'clock the raven came and had four black stallions,

1.52 und die Kutsche und alles war schwarz.

and the carriage and everything was black.

Sie aber war schon in voller Trauer und sprach,   _{1.53}

But she was already in full mourning, and said,

»Ich weiß, daß er schläft und mich nicht erlösen   _{1.54}
kann.«

"I know he is asleep, and cannot deliver me."

Als sie zu ihm kam, lag er da und schlief fest.   _{1.55}

When she came to him, he was lying there fast asleep.

Sie rüttelte ihn und rief ihn,   _{1.56}

She shook him and called him,

aber sie konnte ihn nicht aufwecken.   _{1.57}

but she could not wake him up.

Da legte sie ein Brot neben ihn hin, dann ein Stück   _{1.58}
Fleisch, zum dritten eine Flasche Wein, und er
konnte von allem so viel nehmen, als er wollte, es
ward nicht weniger.

So she laid a loaf of bread beside him, then a piece of meat,
and thirdly a bottle of wine, and he could take as much of
everything as he wanted, it was not less.

Danach nahm sie einen goldenen Ring von ihrem   _{1.59}
Finger und steckte ihn an seinen Finger,

Then she took a gold ring from her finger and put it on his
finger,

und war ihr Name eingegraben.   _{1.60}

and her name was engraved on it.

1.61 Zuletzt legte sie einen Brief hin, darin stand, was sie ihm gegeben hatte und daß es nie alle würde, und es stand auch darin:

At last she laid down a letter, in which was written what she had given him, and that it would never run out, and it also said,

1.62 »Ich sehe wohl, daß du mich hier nicht erlösen kannst, willst du mich aber noch erlösen, so komm nach dem goldenen Schloß von Stromberg, es steht in deiner Macht, das weiß ich gewiß.«

"I see well that you cannot redeem me here, but if you still want to redeem me, come to the golden castle of Stromberg, it is in your power, I know that for certain."

1.63 Und wie sie ihm das alles gegeben hatte,

And when she had given him all this,

1.64 setzte sie sich in ihren goldenen Wagen und fuhr in das goldene Schloß von Stromberg.

she sat down in her golden chariot and drove to the golden castle of Stromberg.

2.1 Als der Mann aufwachte und sah, daß er geschlafen hatte, ward er von Herzen traurig und sprach:

When the man awoke and saw that he had been asleep, he was sad at heart, and said,

2.2 »Gewiß nun ist sie vorbeigefahren und ich habe sie nicht erlöst.«

"Surely now she has passed by, and I have not delivered her."

Da fielen ihm die Dinge in die Augen, die neben ihm lagen, und er las den Brief, darin geschrieben stand, wie es zugegangen war. 2.3

Then the things that lay beside him caught his eye, and he read the letter in which was written what had happened.

Also machte er sich auf, ging fort und wollte nach dem goldenen Schloß von Stromberg, aber er wußte nicht wo es lag. 2.4

So he set out, went away and wanted to go to the golden castle of Stromberg, but he did not know where it was.

Nun war er schon lange in der Welt herumgegangen, 2.5

Now he had been wandering about in the world for a long time,

da kam er in einen dunkeln Wald und ging vierzehn Tage darin fort und konnte sich nicht herausfinden. 2.6

when he came to a dark forest and wandered about in it for two weeks and could not find his way out.

Da ward es wieder Abend, und er war so müde, daß er sich an einen Busch legte und einschlief. 2.7

Then evening came again, and he was so tired that he lay down by a bush and fell asleep.

Am anderen Tage ging er weiter und abends, als er sich wieder an einen Busch legen wollte, hörte er ein Heulen und Jammern, daß er nicht einschlafen konnte. 2.8

The next day he went on, and in the evening, as he was about to lie down again by a bush, he heard a howling and wailing, so that he could not go to sleep.

2.9 Und wie die Zeit kam, wo die Leute Lichter anstecken, sah er eins schimmern, machte sich auf und ging ihm nach;

And when the time came for people to light lights, he saw one shimmering, got up and went after it;

2.10 da kam er vor ein Haus, das schien so klein, denn es stand ein großer Riese davor.

then he came to a house which seemed so small, for there was a great giant standing in front of it.

2.11 Da dachte er bei sich,

Then he thought to himself,

2.12 »Gehst du hinein und der Riese erblickt dich,

"If you go in and the giant sees you,

2.13 so ist es leicht um dein Leben geschehen.«

it will easily be the end of your life."

2.14 Endlich wagte er es und trat heran.

At last he dared and approached.

2.15 Als der Riese ihn sah, sprach er:

When the giant saw him, he said,

2.16 »Es ist gut, daß du kommst, ich habe lange nichts gegessen:

"It's good that you've come, I haven't eaten for a long time:

2.17 ich will dich gleich zum Abendbrot verschlucken.«

I want to swallow you for supper straight away."

2.18 »Laß das lieber sein.« sprach der Mann,

"You had better leave that alone." said the man,

»ich lasse mich nicht gern verschlucken; 2.19

"I do not like to be swallowed;

verlangst du zu essen, so habe ich genug, um dich satt 2.20
zu machen.«

if you want to eat, I have enough to satisfy you."

»Wenn das wahr ist.« sagte der Riese, 2.21

"If that is true." said the giant,

»so kannst du ruhig bleiben; 2.22

"you can stay quiet;

ich wollte dich nur verzehren, weil ich nichts anderes 2.23
habe.«

I only wanted to eat you because I have nothing else."

Da gingen sie und setzten sich an den Tisch, und der 2.24
Mann holte Brot, Wein und Fleisch, das nicht alle
ward.

So they went and sat down to table, and the man fetched
bread, wine and meat, which was not all.

»Das gefällt mir wohl.« 2.25

"That pleases me."

sprach der Riese und aß nach Herzenslust. 2.26

said the giant, and ate to his heart's content.

Danach sprach der Mann zu ihm: 2.27

Then the man said to him,

»Kannst du mir nicht sagen, wo das goldene Schloß 2.28
von Stromberg ist?«

"Can't you tell me where the golden castle of Stromberg
is?"

2.29 **Der Riese sagte:**
The giant said:

2.30 **»Ich will auf meiner Landkarte nachsehen, darauf sind alle Städte, Dörfer und Häuser zu finden.«**
"I will look on my map, it shows all the towns, villages and houses."

2.31 **Er holte die Landkarte, die er in der Stube hatte, und suchte das Schloß, aber es stand nicht darauf.**
He fetched the map he had in the parlor and looked for the castle, but it was not on it.

2.32 **»Es thut nichts.« sprach er,**
"It's no use." he said,

2.33 **»ich habe oben im Schranke noch größere Landkarten;**
"I have larger maps in the cupboard upstairs;

2.34 **darauf wollen wir suchen.« aber es war auch vergeblich.**
let's look on them." But it was also in vain.

2.35 **Der Mann wollte nun weiter gehen;**
The man now wanted to go on;

2.36 **aber der Riese bat ihn, noch ein paar Tage zu warten, bis sein Bruder heim käme, der wäre ausgegangen, Lebensmittel zu holen.**
but the giant asked him to wait a few more days until his brother came home, who had gone out to fetch food.

2.37 **Als der Bruder heim kam,**
When the brother came home,

fragten sie nach dem Schloß von Stromberg; er antwortete,

2.38

they asked where Stromberg Castle was; he replied,

»Wenn ich gegessen habe und satt bin,

2.39

"When I have eaten and had my fill,

dann will ich auf der Karte suchen.«

2.40

I will look for it on the map."

Er stieg dann mit ihnen auf seine Kammer und sie suchten auf seiner Landkarte,

2.41

He then went up with them to his chamber and they searched on his map,

konnten es aber nicht finden;

2.42

but could not find it;

da holte er aber noch andere alte Karten, und sie ließen nicht ab, bis sie endlich das goldene Schloß von Stromberg fanden, aber es war viele tausend Meilen weit weg.

2.43

then he fetched some other old maps, and they did not stop until at last they found the golden castle of Stromberg, but it was many thousand miles away.

»Wie werde ich nun dahin kommen?« fragte der Mann.

2.44

"How will I get there?" asked the man.

Der Riese sprach:

2.45

The giant said,

»Zwei Stunden habe ich Zeit, da will ich dich bis in die Nähe tragen, dann aber muß ich wieder nach Haus und das Kind säugen, das wir haben.«

2.46

"I have two hours to carry you as far as it is, but then I must return home and nurse the child we have."

2.47 Da trug der Riese den Mann bis etwa hundert Stunden vom Schloß und sagte,

So the giant carried the man about a hundred hours from the castle and said,

2.48 »Den übrigen Weg kannst du wohl allein gehen.«

"You can go the rest of the way alone."

2.49 Dann kehrte er um, der Mann aber ging vorwärts Tag und Nacht, bis er endlich zu dem goldenen Schloß von Stromberg kam.

Then he turned back, but the man went forward day and night, until at last he came to the golden castle of Stromberg.

2.50 Es stand aber auf einem gläsernen Berge, und die verwünschte Jungfrau, fuhr in ihrem, Wagen um das Schloß herum und ging dann hinein.

It stood on a glassy mountain, and the cursed maiden drove around the castle in her carriage and then went inside.

2.51 Er freute sich, als er sie erblickte und wollte zu ihr hinaufsteigen, aber wie er es, auch anfing, er rutschte an dem Glas immer wieder herunter.

He was delighted when he saw her and wanted to climb up to her, but no matter how he tried, he kept slipping down the glass.

2.52 Und als er sah, daß er sie nicht erreichen konnte, ward er ganz betrübt und sprach zu sich selbst,

And when he saw that he could not reach her, he became very sad and said to himself,

2.53 »Ich will hier unten bleiben und auf sie warten.«

"I will stay down here and wait for her."

Also baute er sich eine Hütte und saß darin ein ganzes Jahr und sah die Königstochter alle Tage oben fahren, konnte aber nicht zu ihr hinaufkommen.

2.54

So he built himself a hut, and sat in it a whole year, and saw the King's daughter going up every day, but could not get up to her.

Da sah er einmal aus seiner Hütte, wie drei Räuber sich schlugen und rief ihnen zu:

3.1

Once he saw three robbers fighting from his hut and called out to them:

»Gott sei mit euch!«

3.2

"God be with you!"

Sie hielten bei dem Rufe inne; als sie aber niemand sahen, fingen sie wieder an sich zu schlagen, und das war ganz gefährlich.

3.3

They stopped at the call, but when they saw no one, they began to fight again, which was very dangerous.

Da rief er abermals: »Gott sei mit euch!«

3.4

Then he called out again: "God be with you!"

Sie hörten wieder auf, guckten sich um, weil sie aber niemand sahen, fuhren sie auch wieder fort sich zu schlagen.

3.5

They stopped again, looked around, but because they saw no one, they continued to beat each other again.

Da rief er zum drittenmal: »Gott sei mit euch!«

3.6

Then he called out for the third time, "God be with you!"

und dachte: »Du mußt sehen, was die drei vorhaben.«

3.7

and thought, "You must see what the three of them are up to."

3.8 ging hin, und fragte, warum sie aufeinander losschlügen.

He went over and asked why they were fighting.

3.9 Da sagte der eine, er hätte, einen Stock gefunden, wenn er damit wider eine Thür schlüge, so spränge sie auf;

Then one said that he had found a stick, and if he struck a door with it, it would burst open;

3.10 der andere sagte, er habe einen Mantel gefunden, wenn er den umhinge, so wäre er unsichtbar;

the other said that he had found a cloak, and if he passed it round he would be invisible;

3.11 der dritte aber sprach, er hätte ein Pferd gefangen, damit könnte man überall hinreiten, auch den gläsernen Berg hinauf.

but the third said that he had caught a horse, with which one could ride anywhere, even up the glassy mountain.

3.12 Nun wüßten sie nicht, ob sie das in Gemeinschaft behalten oder ob sie sich trennen sollten.

Now they did not know whether they should keep it together or separate.

3.13 Da sprach der Mann: »Die drei Sachen will ich euch eintauschen.

Then the man said, "I will exchange the three things for you.

3.14 Geld habe ich zwar nicht, aber andere Dinge, die mehr wert sind;

I don't have any money, but I have other things that are worth more;

doch muß ich vorher eine Probe machen, damit ich 3.15
sehe, ob ihr auch die Wahrheit gesagt habt.«

but first I must make a test, so that I can see whether you
have told the truth."

Da ließen sie ihn aufs Pferd setzen, hingen ihm den 3.16
Mantel um und gaben ihm den Stock in die Hand,
und wie er das alles hatte, konnten sie ihn nicht mehr
sehen.

So they made him mount his horse, put his cloak on him,
and gave him the stick in his hand, and as he had all this,
they could see him no more.

Da gab er ihnen tüchtige Schläge und rief: 3.17

Then he gave them a good beating and called out,

»Nun, ihr Bärenhäuter, da habt ihr, was euch 3.18
gebührt;

"Well, you bearskinners, you have what you deserve;

seid ihr zufrieden?« 3.19

are you satisfied?"

Dann ritt er den Glasberg hinauf und als er oben vor 3.20
das Schloß kam, war es verschlossen:

Then he rode up the Glass Mountain, and when he came to
the castle at the top, it was locked:

da schlug er mit dem Stock, an, das Thor und alsbald 3.21
sprang es auf.

so he struck the gate with his stick, and immediately it
burst open.

Er trat ein und ging die Treppe hinauf bis oben in den 3.22
Saal,

He entered and went up the stairs to the top of the hall,

3.23 da saß die Jungfrau und hatte einen goldenen Kelch mit Wein vor sich.

where the maiden was sitting with a golden goblet of wine in front of her.

3.24 Sie konnte ihn aber nicht sehen, weil er den Mantel um hatte.

But she could not see him because he had his cloak on.

3.25 Und als er vor sie kam, zog er den Ring, den sie ihm gegeben hatte, vom Finger und warf ihn in den Kelch, daß es klang.

And when he came before her, he pulled the ring she had given him from his finger and threw it into the chalice so that it tinkled.

3.26 Da rief sie:

Then she cried out,

3.27 »Das ist mein Ring, so muß auch der Mann da sein, der mich erlösen wird.«

"This is my ring, so there must be the man who will redeem me."

3.28 Sie suchten im ganzen Schloß und fanden ihn nicht, er war aber hinausgegangen, hatte sich aufs Pferd gesetzt und den Mantel abgeworfen.

They searched all over the castle and did not find him, but he had gone out, mounted his horse, and thrown off his cloak.

3.29 Wie sie nun vor das Thor kamen,

When they came to the gate,

3.30 sahen sie ihn und schrien vor Freude.

they saw him and shouted for joy.

Da stieg er ab und nahm die Königstochter in den Arm: sie aber küßte ihn und sagte:

3.31

Then he dismounted and took the king's daughter in his arms, and she kissed him and said,

»Jetzt hast du mich erlöst und morgen wollen wir unsere Hochzeit feiern.«

3.32

"Now you have redeemed me, and tomorrow we will celebrate our wedding."

Möwenstein Books

www.mowenstein.com

Renowned Authors

H. G. Wells · Ernest Hemingway
H. P. Lovecraft · Lewis Carroll
Franz Kafka · Friedrich Nietzsche
Albert Einstein · Oscar Wilde
Hans Christian Andersen

Notable Works

Frankenstein · *Alice in Wonderland*
Heart of Darkness · *The Great Gatsby*
Siddhartha · *The Metamorphosis*
Thus Spoke Zarathustra

Translation Services

We offer translation services in various languages, including German, Spanish, Chinese, Korean, Arabic, and more. For custom translations or revisions, please contact us at:

Email: translation@mowenstein.com

Our Collections

Franz Kafka Collection

- *The Metamorphosis / Die Verwandlung*
- *The Trial / Der Prozess*
- *The Castle / Das Schloss*
- *and many more…*

Pakt mit dem Teufel

- *Faust Parts I & II by Johann Wolfgang von Goethe*
- *Doctor Faustus by Christopher Marlowe*

Portraits of Irishmen

- *The Picture of Dorian Gray by Oscar Wilde*
- *A Portrait of the Artist as a Young Man by James Joyce*

Children's Classics

- *Winnie-the-Pooh / Pu der Bär*
- *Brothers Grimm Fairy Tales*
- *Fairy Tales Told for Children*
    - Author: Hans Christian Andersen

Visit Us

At Möwenstein Books, we are committed to providing high-quality bilingual editions of classic works. Explore our collections and discover more titles across various genres and languages.

Website: www.mowenstein.com

www.ingramcontent.com/pod-product-compliance
Lightning Source LLC
Chambersburg PA
CBHW030401130626
46549CB00004B/1588